U0003371

日本，慢慢旅

遇見山城、花季、島嶼、海味、街景日常，
2190×四季風物詩

Chien倩。日日常
李儀倩—著

目次

Chapter.1 千葉旅居時光

Chapter.2 奔北休日

Chapter.3 追櫻休日

Chapter 4

放空休日

Chapter 1

千葉旅居時光

那些
撫慰我的
美麗風景

早春之味

春季是遊客到日本最佳的旅遊季節，也是日本人新生活的象徵。櫻花飛落時，是新學期的開始，也是新鮮人踏出校園，步入職場的時刻。

剛到日本的時候，逛超市被我視為課後放鬆、文化觀察的休閒活動。還穿著厚外套的早春一到，超市就會陸續販售「新馬鈴薯」、「新洋蔥」、「新高麗菜」，那些我們熟悉的蔬菜，都冠上了一個「新」字，彷彿也在預告著新生活即將開始。

除了這些之外，這個季節限定的常見蔬菜，還有「油菜花」。

雖然在台灣好像也有人會拿油菜花來拌炒做料理，但我倒是來日本後才有機會吃到。油花菜料理，多半是汆燙後加入柴魚醬油、胡麻醬、芥末、味噌等不同調味料去做變化，或是直接炸成天婦羅，搭配烏龍麵或蕎麥麵食用。但老實說，儘管有不同料理手法，我仍然無法喜歡油菜花去不掉的苦。

不過，或許就是這樣的苦味，才適合出現在早春。

不論是職場新鮮人、迎接新學期的學生，都將暫別熟悉的人事物，獨自一人穿著直挺的服裝走入新環境。在新生活之初，一個人去感受苦澀甘甜。這樣的心情場景，是否就如早春時咀嚼在齒間裡的油菜花滋味？

也是因為來到了日本，才特別留意早春的到來。即使餐桌上的油菜花不合我胃口，但在田間綻放的油菜花田、堤岸邊的賴朝櫻，都是早春時節，最讓我等不及迎接的風景。

鴨川
油菜花田路

提到「鴨川」，應該不少人腦海中浮現的都是京都的鴨川吧？但其實，千葉南部也有個叫做鴨川的地方。雖然它沒有可以跳石子的河川，但有著一大片蔚藍海岸，沿岸有許多海水浴場，是衝浪者的天堂，也是孩子們的天然戲水場。另外，可以來「鴨川海洋世界」近距離接觸海洋動物，或是到被列為日本梯田百選的「大山千枚田」欣賞日本原生風景。鴨川僅距離東京約2小時車程，加上當地有許多海景溫泉飯店與海鮮美食，也因此讓這裡成為週末小旅行的好去處。到了

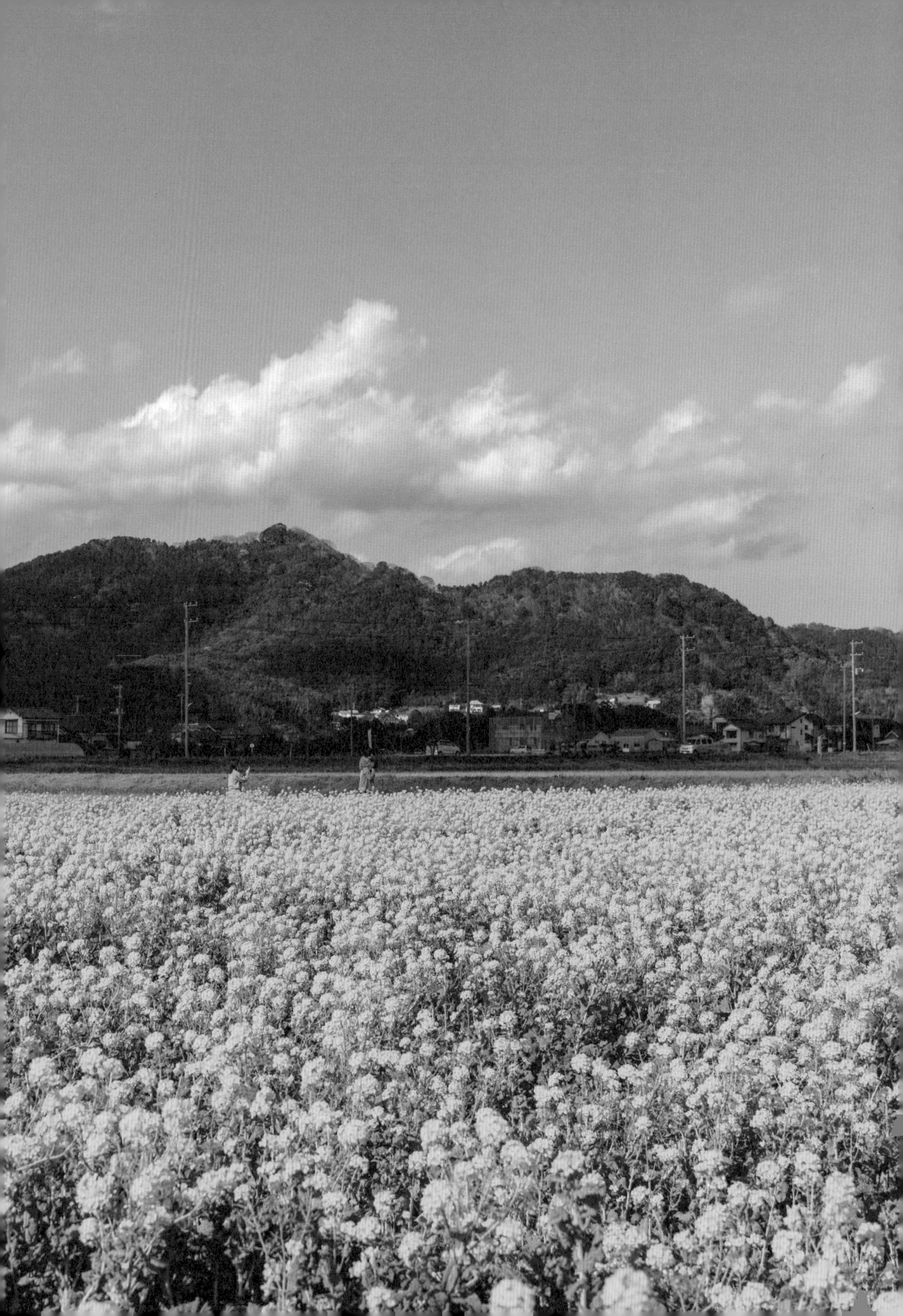

早春，又多了個值得前來鴨川遊玩的理由。約莫1月中旬到3月中旬，鴨川的油菜花田路（菜な畑ロード）就會遍地開滿金黃油菜花，宛如一大片黃色絨毯，十分療癒。

住在千葉的那段日子，早春時節我都會特地開車前來。油菜花田間，大片大片黃澄澄的花朵隨風輕擺，延伸出去銜接輕輕柔柔的藍天白雲，夾雜些許涼意的春風拂來，輕飄飄地，讓人彷彿置身夢境一般。

除了站在田間賞花發呆，也可以選擇用150日圓摘10朵油菜花帶回家。花季活動會場，會準備簡單的工具：剪刀、報紙、橡皮圈、雨鞋，供人體驗摘花。第一次體驗摘花時，園區的阿姨建議要挑選含苞待放的花較好，但由於那年的花開得特別早，因此只能盡量挑選避免葉子過老的花朵。

當拿著剪刀、彎下腰尋找命定油菜花時，嗡嗡嗡的蜜蜂聲成了摘花背景音，還不時能聞到撲鼻而來的油菜花香。小蜜蜂振翅在黃花叢裡忙碌穿梭，都市俗的我則小心翼翼地拿著剪刀，一邊不想驚動忙著採蜜的蜜蜂，一邊又想尋找美麗的油菜花，便跟著蜜蜂們在花田裡穿梭來去，花了好多時間才捧著10支花回家。

即便油菜花不比櫻花難見，也不是非到日本才能見到的花卉，但它低調不搶戲卻又能點亮日常風景，單純樸實又可愛，隨便一說就說出好多優點，果然讓我非常喜歡。

景點資訊

菜な畑ロード

- 每年1月中至3月中（依當年實際花況為準）
- 千葉縣鴨川市橫渚
- JR外房線「安房鴨川站」步行約20分鐘；建議自駕或至「安房鴨川站」後搭計程車前往

保田川賴朝櫻

我心中的早春代表風景，還有位在千葉鋸南的「賴朝櫻」。和河津櫻一樣，賴朝櫻是花期較早的櫻花品種，大約每年2月中旬左右開始綻放。傳說是源賴朝將軍於石橋山之戰敗戰後，搭著小船逃至鋸南龍島海岸，上岸後種下此櫻花並將其命名為「賴朝櫻」。

位在千葉南部的「鋸南町」，大約有1萬4千株賴朝櫻，分別散佈在保田川、佐久間水庫公園、佐久間川三地；其中以保田川的賴朝櫻較受歡迎。

比起同樣在早春裡綻放且名聲響亮的靜

岡河津櫻，保田川的賴朝櫻顯得較少人知道。雖然規模不大，但因為附近還有由舊校舍改成道之驛的保田小學，因此這裡也算是千葉及東京近郊居民，在賞櫻季節喜愛前來的休閒景點。

如果是自駕前來，可以將車停在保田小學停車場，再步行到保田川。整排賴朝櫻在岸邊開起粉嫩花朵，再搭配樹下小巧金黃的油菜花，勾勒出一幅令人陶醉的早春風景。來賞花的遊客不算太多，賞花步道也不長，走在這裡格外愜意。

每年花季期間保田川還會舉行竹燈籠祭典，在沿岸櫻花樹下擺放當地居民及中小學生製作的竹燈籠、繪紙傘、手繪燈籠，金黃色的點點光火照亮浪漫夜櫻，為早春的夜晚增添另一番浪漫氣息。可惜的是，竹燈籠祭典通常僅選一個晚上舉行，因此至今我還沒有機會欣賞保田川夜裡點上溫暖火光的景色。

第二次前往保田川賞櫻，發現沿岸的櫻花樹似乎比記憶中少了些。原來是2019年的颱風風災嚴重侵襲鋸南，美麗的賴朝櫻也因此遭殃。為了在之後也能如期舉辦竹燈籠祭典，伊豆的河津町特地捐了300株河津櫻，讓經過颱風重創後的保田川仍然能在早春裡染上粉嫩色彩。

說到2019年9月的那場颱風，經過屋頂好像要被掀翻的那個夜晚後，我家也停電了近一星期。這已算是比較幸運的了，當時千葉鋸南、館山等地，都有停水停電近一個月的情況。更糟的是，因停電耐不住高溫的高齡者相繼昏倒或死亡，房子嚴重淹水、屋瓦被吹散、道路坍塌而無法開車加油、送物資等災情相繼傳出，都是無法在短時間內一下被解決的問題。更難以置信的是，竟然還有詐騙者以幫忙修繕房屋為名，趁機騙取地方老人金錢。

我雖然生長在常遇到颱風的台灣，但真正感受到颱風的殘酷，卻是在千葉居住的2019年。也許對一般遊客而言，會覺得不能看到如以往美麗的櫻花或楓葉感到可惜，但對千葉有著特殊情感的我，望著那些在陽光下發出柔柔粉光的櫻花，可惜之外也有著感慨與無奈。一邊珍惜著眼前所見的風光，也一邊期望這些櫻花樹們接下來都能好好的，繼續陪伴保田的大家一起走下去。

景點資訊

保田川賴朝桜の里

- 竹燈籠祭典依當年公告為準，通常為2月底或3月初的某個週六／花季約為每年2月中至3月初
- 千葉縣安房郡鋸南町大帷子
- JR內房線「保田站」徒步約10分

1

2 | 3

1. 距離保田川約 11 分車程的佐久間水庫公園一帶，也有種植小範圍的賴朝櫻，同時有水仙花一起綻放。
2. 賞花旅途也能一併到由舊校舍改建的道之驛保田小學觀光，選購千葉當地伴手禮。
3. 因颱風影響而看不見過往賴朝櫻的滿開盛況。

洲崎神社

想看海的時候，我總喜歡往千葉更南的方向前去，比如位在房總半島南端的「館山」。這座一年四季中相對溫暖的臨海城市，能遠眺富士山、俯瞰海景日落，春天開著五顏六色的美麗花朵、初夏更有日本難得能吃到的枇杷特產。也因為它作為安房國的悠久歷史代表，境內有館山城、日本唯一祭拜料理之神的高家神社，以及擁有 2600 多年歷史的安房神社等景點。

某個夏末的晴朗午後，又是被南方大海呼喚的日子。隨意開車在館山兜風，走過依山

傍海的小路、經過一棟棟低矮的小房，有些人家門口擺著小船捕魚網、曬著潛水衣（猜想應是漁夫們的家吧），一路漫無目的，卻也因為伴著陽光與大海，感到輕鬆愉悅。腦海中浮出《崖上的波妞》風景，不自覺地哼起歌來。直到看到位在洲崎燈塔附近的「洲崎神社」路牌，便好奇地將車開往更裡頭探尋。

走過洲崎神社的隨身門，得先爬上高陡階梯才能參拜。（別擔心，神社還貼心地在挑戰口先放了竹杖呢。）

「這階梯有點陡耶……」、「看！海景越來越清楚了！」踩著階梯，半爬半休息，不時轉頭瞇眼往後看著沿途風景變化，好獲得向上的動力。在烈日下爬樓梯，真的會浮現「希望有輛纜車直接載我上坡」之念，但登頂後細細體會發現，這一路風景變化搭纜車肯定會覺得太快太短，還是像這樣重複地喘息回首，才顯得美麗可貴。

據說源賴朝於石橋山合戰戰敗後，一路逃至安房避難，當時他便是來到洲崎神社祈求上天再給他一次機會，而後領著千葉常胤等人討伐平家，成功統一天下。因此，來這裡的人除了祝禱航海安全、安產、闔家平安，也常祈求順遂成功。和困難度更高的金刀比羅宮、山寺相比，剛才爬過的階梯顯得不算什麼，一旦走過約 150 層的階梯，祈求者的心意想必也更加堅定。

爬上階梯之後發現境內氣氛完全不同！茂密樹蔭下有著古老的木造本殿，供奉「天太玉命」的后神「天比理刀咩命」，後方則是充滿神祕氣息的御手洗山；因為此地被視爲神域，不能有刀斧砍伐，也因而有了這座完整保存的貴重原生林。

原本打算在參拜完後跟著其他參拜者一樣下階梯，但眼角發現有個小指標牌寫著「靈峰富士遙拜所」，在好奇心的驅使下，穿過雜草樹叢繼續前進。正當一面懷疑著是否走錯路時，在路的盡頭處，形似鳥居的白色物體出現眼前。

「哇，這裡更美呢！」白色鳥居框住蔚藍大海的視角，自成一幅畫像。在沒有人干擾的情況下，這裡能以更棒的距離凝望大海，悶熱煩躁也瞬間被藍海給撫平。雖然這天前往的時候，富士山又害羞地躲了起來，不過光是眼前風景就已令我感到十分滿足。旁邊還有一個小小的幸福之鐘，輕輕一敲，鐘聲和著蟬鳴，在夏日藍天中悠揚迴盪。

走下階梯越過馬路，離海更近的地方前進，就能見到在岸上的「御神石」。巨大的黑色御神石和附近岩質相異，因此被推測是從其他地區搬運而來；石頭外型獨特、表面還有深深的裂縫，看上去相當神祕。據說每年 5 月、7 月的某些日子，在海岸這頭，還能清楚看見「※鑽石富士山」呢！

聽說在冬季氣候條件下較能清楚看見富士山，於是 2020 年 12 月的最後一天，我再次來到了這裡。當時正是疫情爆發的第一年，站在岸邊吹著冷冽海風，我一個人靜靜地回想這動盪的一年裡，失去了什麼、改變了什麼、獲得了什麼。

一向認為自己與富士山不太有緣，沒想到那天竟奇蹟地如願見到遠方的富士山。「能看到富士山就是好兆頭吧?!」雖然那時尚不知道疫情何時結束，生活的改變又會為自己帶來什麼變化，但看到這般療癒又驚喜的風景，無形中也獲得了來自大海的鼓舞與力量。

※鑽石富士山指在日出或日落時，太陽剛好落在富士山山頂上，如鑽石般耀眼。

景點資訊

洲崎神社

千葉縣館山市洲崎 1344

至 JR「內房線館山站」下車後，搭乘往洲崎方向的 JR 巴士於「洲崎神社前」（洲の崎神社前）下車，徒步約 5 分

1. 隨著階梯攀爬得越高，視野也逐漸遼闊起來。
2. 御神石附近的海岸邊，停靠著船隻，也能見到散落在各處的釣魚客。
3. 靈峰富士遙拜所的白色鳥居框住蔚藍大海，是一處秘密觀海景點。

番外篇

後來才知道，原來洲崎神社還有另一座特別的分社，距離神社約6分鐘左右車程，位在館山市的「波左間海中公園」海底。

沒錯，這座分社即是非常稀有的海底神社！想參拜的話須先著潛水裝，潛入海中才可行。據說參拜時除了有魚群包圍，還有機會看到曼波魚，以及深受參拜客喜愛的金黃突額隆頭魚「賴子」。波左間海的海域狀況較穩定，所以相對適合新手。若有機會，我也想穿上潛水衣，潛到海底認識館山的另一面。

波左間海底神社

- 波左間海中公園 (千葉縣館山市波左間 1012)
- 至 JR「内房線館山站」下車後，搭乘往坂田方向的 JR 巴士於「波左間港」下車，徒步約 5 分

※ 前往海底神社參拜需持有潛水證照。

梅雨季中
最美好的禮物—
繡球花

每年6月左右是日本的梅雨季，乾爽的春季過去，迎來隨時要小心衣櫃發霉的日子。除了氣候悶濕，也因為氣壓的變化帶來的不適，讓不少人在梅雨季中患了「氣象病」、「5月病」、「6月病」。

也許是為了舒適些，也或許是在準備的過程中可以調適一下心情，在梅雨季來臨之前，日本的藥妝店、超市賣場就會開始販售季節相關用品，像是讓頭髮不會因為濕悶空氣而毛躁凌亂的整髮品、可以放在櫃子鞋子裡的除濕用品、使用珪藻土製作的傘架、裡頭有毛茸茸吸水功能的雨傘收納袋……等。在這個濕答答的季節開始之前，萬全的準備是必要的。（不過在雨天裡得擠在如移動溫室般的電車裡，就是件難以靠「事前準備」來解決的事了。）

我真心覺得，繡球花是老天給予我們在這個季節中最棒的禮物！即使有了萬全的準備，當濕悶的氣候與變化極端的氣壓突襲，心情上還是會稍微受點影響。所幸，梅雨季的日本街頭，到處都可以看到盛開的繡球花，在上班的路途中、騎車買菜的路上、等公車的時間……療癒人心的繡球花都溫柔地在路旁替人們加油打氣。

除了梅雨季裡散步時可以欣賞鄰居在庭園中用心栽種的繡球花，偶爾我們也會把握天氣轉晴的短暫時光，開車到散落在千葉的繡球花景點，擁抱這個季節中最美好的事物。

服部農園
繡球花屋敷

「服部農園あじさい屋敷」位在千葉縣東部的茂原市。園內繡球花種植面積廣大，共有200種、1萬株以上的繡球花。許多日本電視台或雜誌都會特地前來取材，也吸引不少從東京、橫濱、埼玉等地甚至更遠的觀光客前來一睹風采。

走入園內後，會看到一座充滿日式情懷的小屋，前有滿園開放的繡球花，屋後則是佈滿整塊斜坡的繡球花小山，放眼望去非常壯觀。還有一小區規劃販售當地蔬果，在賞花之餘也能大口吃著沁甜的西瓜，享受雨季中

日本原生的額繡球

難得出現的暖陽。

園內繡球花品種數量眾多，其中包括日本原生的「額繡球」（ガクアジサイ）。額繡球有別於常見的繡球花圓滾滾模樣，而是幾朵裝飾花繞著如小花蕊般的真花。當時是應朋友之邀第一次特地前往「賞繡球花」。在那之前，其實我一直認為到處都有繡球花可賞，何必專程前來人擠人呢？但走入園內看到花團錦簇的盛況後，瞬間明白原因，如此規模下所帶來的感動，果然不同！

記得來賞花時穿上舒適易走的鞋子，好能沿著山壁緩緩爬上小坡道一路賞花。也因為雨季裡常下雨，下過雨的道路濕滑泥濘，賞花、拍照之餘更得注意安全。許多人在沿途賞花的過程中，會試著找幾朵「投緣」的繡球花拍照留念；提醒沉浸於「花花世界」之餘，也要不忘保持基本禮儀，留意前方是否有想通行的旅客，讓每個人能在坡道狹窄的路徑，依舊保持適當距離舒適賞花。雖然坡道有時有點難行，但這裡的另一個魅力就是能在行走之間用不同角度俯瞰園內風景，或用更近距離的方式，欣賞不同品種的繡球花特色。

有了在服部農園的賞花經驗後，我也漸漸愛上這些風情萬種的初夏花卉。從那之後，一想到梅雨季，不再只會皺眉興嘆，而是期待著看到濛濛細雨中盛開的繡球花。

景點資訊

服部農園あじさい屋敷

千葉県茂原市ニヶ谷 719

JR 外房線「茂原站」下車後，搭計程車約 10 分鐘

房州繡球花寺：勝榮山日運寺

除了專門栽種繡球花的花園景點之外，日本各地也有許多寺廟被稱為「紫陽花寺」。據說，從前由於醫療技術不發達加上氣候變化多端，6月繡球花盛開的日子裡，常有因傳染病或其他疾病的死傷，於是人們把對逝者的悼念，化爲一團團盛開的繡球，作為祭壇上的獻花，也會在流行病擴散區域的寺廟裡栽種繡球花。即便現在醫療技術發達許多，但因為繡球花好栽培的特性，每逢5、6月梅雨季一到，日本便有許多寺廟填上五顏六色的繽紛色彩，自然也吸引了一群賞花

客到訪。其中，最爲人知的莫過於鎌倉的明月院、長谷寺，但其實，千葉境內也有幾座被稱為繡球花寺的寺廟喔！

位在千葉南端「南房總市」的「勝榮山日運寺」於1970年種下多達2萬株繡球花，而有了「房州的繡球花寺」之稱。先前在服部農園見過1萬多株繡球花盛開的景緻後，我也不免對於「2萬」的盛況有點期待。

在通往本堂的參道上，即能見到一字排開的夢幻繡球花路。穿過花團錦簇的花叢，經過漆上亮紅色的仁王門，便能看到日運寺的本堂。日運寺曾是「勝榮坊」，是真言宗派的小寺院。傳說，日蓮聖人因為要探訪生病的母親，從鎌倉走往小湊的歸途中，選在這裡停下住宿。而當時的住持因敬佩日蓮聖人的德行，改信日蓮宗。大約三百年後，位在勝浦的戰國時代武將正木時通與其弟賴忠，於1571年重建勝榮坊，並將其改稱「勝榮

山日運寺」。在參拜完之後，我在寺廟中散步欣賞繡球花。也許是這一年梅雨季來得晚，花朵沒有足夠的水分加上長時間曝曬在烈陽下，因此花況不是太好，許多繡球花都泛了點點病斑，莫名地覺得心疼。

雖然花況不如預期，但有別於其他知名賞花景點，走在勝榮山日運寺裡，確實因靜謐莊嚴的氛圍而讓心情平靜不少。除了這間「房州的繡球花寺」之外，位在千葉北部的松戶市內也有座別稱為繡球花寺的「本土寺」，聽說那裡的繡球花數量更多，若想專程以賞花為目的，或許那裡會更適合。

在出發前往日運寺前，特別查了一下官網，對於其中提到「不要誤食繡球花」的警告，感到特別好奇。官網上顯示，曾有店家將繡球花炸成天婦羅給客人吃，而引起食物中毒事件。（我看到的時候很是驚訝，真的會有人把它拿來吃呀!?）再進一步查詢後發現，日本的確曾發生過繡球花食物中毒的事件，不僅導致嘔吐、暈眩、腹瀉，甚至還會有呼吸麻痺等嚴重症狀。雖然一般人應該都不會拿來食用，但如果有帶狗狗一起前往賞花，也要小心不要讓寵物誤食才好！

景點資訊

勝栄山日運寺

- 千葉県南房総市加茂 2124
- 1.JR 内房線「南三原站」下車，搭乘往館山方向的日東巴士，於「加茂坂下站」下車，徒步約 8 分
  2. 於「南三原站」搭乘計程車，車程約 5 分

1
2

1. 境內的日蓮聖人行腳雕像。
2. 仁王門前的榧樹被列為南房總市天然紀念物，樹齡約 600 年。1917 年因受到強風吹倒，而成了如麒麟般橫倒生長的奇特模樣。

野見金公園

又是個因為梅雨季而感到快發霉的日子，加上正逢疫情巔峰時期，實在不敢往人多的地方去。後來，無意間發現可以欣賞繡球花且相對隱密的「野見金公園」，便開著車往千葉縣東部的長生郡前去。聽說那裡不僅種滿繡球花，還有機會眺望到九十九里海岸與晴空塔。

「野見金公園」的前身是座培育乳牛的牧場。2004 年變成公園後，由當地 6 百多位居民親手合力栽種櫻花、梅花等樹苗，2006 年又種植下 1200 株繡球花，為這片小丘陵

披上春夏最迷人的可愛衣裝。

公園地形多為坡地，若想以最佳視角欣賞，就得跟著繡球花叢慢慢爬上坡。到了頂端展望台，眼前、眼下全都是繡球花，任誰看了這景象都會忍不住發出讚嘆。展望台邊有座週五、六、日營業的咖啡店，以及望遠設備和說明牌。我照著說明牌指示試著尋找遠方的晴空塔，果然看見如細針般的極小物體，要是沒有說明，或許直到天黑也找不著。

當時，在那裡剛好遇見一群出來踏青散步的長輩們。他們踩著緩慢步伐，爬上展望台後喘息地說：「有努力往上爬真是太好了！」隨後，有的人靜靜凝視，有的人喝茶讚嘆，有的人在花叢中大口深呼吸、伸展筋骨。在大片天空下的我們，用各自喜歡的樣子，享受著美好的賞花時刻。

而後，沿著小坡道慢慢下行，一路上都能

看到散落在園區內各個角落綻放的繡球花。淡藍的、潔白的、柔粉的、幻紫的……午後斜陽灑落於花叢間、於小徑間，如置身仙境般柔美夢幻。

繡球花的色彩之所以千變萬化，原來關鍵在於土壤的酸鹼度。一般來說，繡球花在酸性土壤下會呈現藍色、鹼性為粉紅色。由於日本多為酸性土壤，因此常見的多是青藍色繡球花。若仔細尋找，會發現有些繡球花不只是單一顏色，偶爾還能看見藍紫粉漸層展開的夢幻色彩。也因為這樣多變的特性，而有了「多變」、「冷酷」、「無情」等帶點負面意思的花語。不過，從另一個方面來看，那纍纍結成球狀的模樣，也有美滿、團聚的象徵。甚至不同顏色的繡球花，也代表著不同的花語意涵。

不過，這些花語最終都只是我們單方面的評價與情感寄託啊。

在我眼裡看來，正因為繡球花每年都有可能長成不同的顏色，帶來不同的視覺景象，讓我每次欣賞繡球花時，都帶著「一期一會」的珍惜。

景點資訊

野見金公園

千葉県長生郡長南町岩撫 36-1

JR 外房線「茂原站」下車後，乘車約 30 分可達

往東邊望去是被列為日本海灘百選之一的九十九里濱。

戀人聖地—
中之島大橋

據我的觀察，日本人似乎很喜歡找出各種事物領域之間的「日本之最」、「日本第一」。我曾居住過的千葉縣木更津市，也有座值得當地人感到小小驕傲的「中之島大橋」，高27公尺、長236公尺，號稱是日本第一高的人行天橋。這座跨過大海的紅色大橋，在日落時分更是浪漫，踏上橋後能以絕佳視角欣賞東京灣海景，幸運的話也能將富士山影收入眼簾。

日劇《木更津貓眼》曾將這裡選為拍攝場景，傳說男生揹著女生過橋就能讓戀愛成

真，因此劇中的櫻井翔就曾揹著女主角在中之島大橋上行走。許多人因為這部劇認識木更津，聽說全國各地慕名而來的人也不少。即使這部日劇已成為經典，但偶爾我向其他地區的日本人提到我住在木更津時，仍會得到「啊！你是說《木更津貓眼》的木更津嗎!?」這樣的回應。

也許很多人和我一樣，沒有看過這部經典日劇，但有機會建議還是可以來這裡走走。不過話先說在前，它雖被稱為「戀人聖地」，但來到這裡，可能只會看到幾位拿著釣竿等待魚兒上鉤的男子、幾隻發懶的小貓，海的遠方還是一排排鐵工廠……。這時，或許有人會開始感到疑惑：「戀人聖地氛圍不該是浪漫的嗎？」

其實，在黃昏的渲染映襯下，中之島大橋看過去還是浪漫的。橋下有著木更津當地吉祥物小狸貓（きさポン）相親相愛的雕像，

以及五顏六色象徵愛情的愛情鎖。趁著夜幕還沒拉上，趕緊爬上橋吧！運氣好的話，說不定還能看到富士山影化作背景的夕陽海景呢。

沿著紅色大橋步道蜿蜒向上爬，海風吹來時橋身還會稍微震動，怕高的人此時可能會有一點點腳軟。當視野漸漸填上天海染成的一大片神祕藍，夾雜淡淡鹹味的海風越來越強，就是登上最佳觀賞位置的時候了！站在橋上看著眼前遼闊的天空，有種自己像是漂浮在海上的小船，獨佔這片寧靜的錯覺。

中之島大橋的另一邊有座中之島公園，春天到夏天期間有很多人會來這裡抓蛤、釣魚。在這附近也有幾家海鮮料理餐廳，其中迴轉壽司店「スーパー回転寿司 やまと」非常人氣，喜歡海鮮的人不妨來試試。另外，每年8月15日也會舉行花火大會，是本地難得的夏季盛大活動。

2021年中之島大橋剛做完安全耐震工程，附近的鳥居崎海濱公園也於2022年3月完成整頓翻新。整修過的鳥居崎海濱公園更新增了不同類型的海鮮料理餐廳、複合式住宿、能眺望海景的桑拿咖啡，以及觀海更舒適的展望台。老實說，中之島大橋的海景並不能稱是南房總中最美的，但我看到這座紅色大橋，就如見到熟悉的朋友般感到心安。另外，由於跨越東京灣踏入千葉後第一個遇到的就是木更津，這裡可說是通往南房總的玄關，因此許多人駕車旅遊或騎重機的遊客，總會在一路奔馳後選擇到這裡看海透透氣。

若問起木更津居民對於中之島大橋的想法，或許不一定會認為它是戀人聖地，且木更津近年也因為有了大型暢貨中心，使得大橋作為「木更津代表」的地位似乎受到威脅。不過，在平常看似對中之島大橋沒有特別喜愛的木更津人來說，它仍然是本地的驕傲！畢竟它不僅是日本第一高的人行天橋，當初也是因為它而讓「木更津」這個名字在全國打出知名度的呢！

景點資訊

中の島大橋

千葉縣木更津市中の島2

至JR「木更津站」下車後徒步12分鐘

※雖然大橋24小時開放，但夜晚風較大，請注意行走安全。

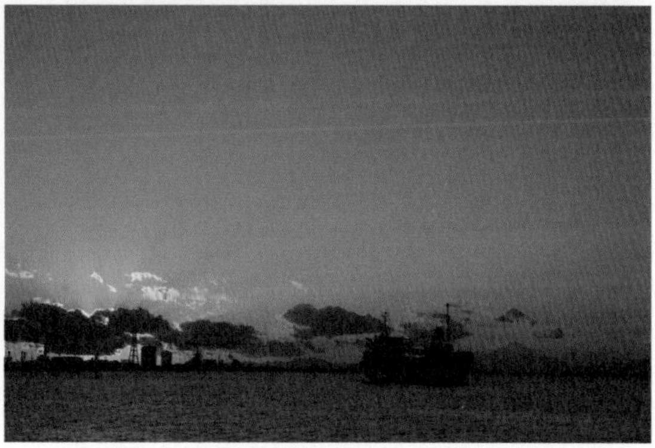

1
2

1. 橋的另一邊是陸上自衛隊木更津駐屯地，可以看到許多小飛機起降。
2. 冬日的傍晚雖然寒冷，卻較有機會見到遠處的富士山。

道之驛絕對不只是為了休息的中途停靠，與千葉更靠近

以前在台灣看日本節目時，就發現日本的道之驛（道の駅）很有趣，有些節目還會特地邀請大胃王來賓來一場道之驛美食馬拉松對決，讓

電視機前的我總是邊流口水邊羨慕。日本的道之驛，指的是類似休息站服務區的設施，不一定只出現在高速公路交流道，有時在一般道路旁也會找到道之驛。

直到 2022 年 9 月為止，日本全國道之驛數量已有 1198 座。各地值得逛的休息站不少，甚至會舉辦「道之驛全國制霸比賽」。因此，不論是外出旅遊或在自家附近開車兜風，很多時候我們到道之驛停留不只是為了休息而已；自駕旅行時，也會專門尋找幾座有特色的道之驛沿途停靠，不只有機會能吃到在地美食、選購伴手禮，這也變成了快速認識當地特色的方式。

既然要介紹，當然先從自己最熟悉的千葉道之驛開始。

木更津
うまくたの里

位在木更津的「うまくたの里」道之驛，門口有著醒目的超大花生，不難看出這裡以日本千葉縣花生為主打；如果帶朋友前來，我都會半強迫地請他們跟巨大花生拍照，紀念曾到千葉一遊。（如果是花生過敏兒或是對花生沒興趣的人，請別急著翻頁，千葉物產可不只有花生喔！）

拍完照，踏進門口就會看到五彩繽紛的花生豆豆，造訪的旅人可自行拿杯子盛裝喜歡的口味，橘子、巧克力、草莓、抹茶、芒果……等裹著多種口味的外衣，咬開來盡是

花生香氣。一旁還可用美國產或千葉產的花生DIY製作花生醬，但看到價錢後或許有人會不解皺眉問：「咦？怎麼美國產的還比較便宜?!」這是因為美國產的花生在日本市場還是佔大宗，日本國產花生僅約市佔率一成，而其中千葉縣產的花生又佔了80%，也因此千葉的花生品質良好，即使價錢比進口的貴了些，還是有許多人到了千葉會順道買幾樣花生特產當伴手禮。

其中，又以花生醬最受歡迎。不論是吃得到顆粒的、口感滑順的、加糖的或是無加糖的，都任君選擇。建議可以選擇成分單純，使用千葉花生製作的原味花生醬，油脂豐厚又帶有細緻香氣，簡單抹在吐司上烤過就非常好吃！若想來點不一樣的，不妨試試一般超市幾乎不會出現的特色調味料，像是激辣花生味噌、千葉花生烤蔥味噌等，口感令人難忘。另外，還有花生餅乾、花生仙貝等伴

手禮，花生控們光看就要流口水了吧？偶爾店內也會提供試吃，不過要小心，實際吃過之後更容易手滑裝入購物籃！

除了花生之外，這裡也有許多與海有關的物產。千葉許多地方靠海，除了有活跳跳的新鮮海產、魚罐頭，也能買到以海藻類製作的料理法寶。像是結合油菜花與花生的特別海苔醬，味道有點難以想像，但卻讓人感到有趣。在日本人餐桌上常出現的「鹿尾菜」（ひじき）也是特產之一。特別的是這裡還有販賣以鹿尾菜製作的海苔醬商品，沒時間料理的話，就拿它來配飯，省時又美味！

店內的另一角，則是如圖書館書櫃排列的醬油牆，滿滿擺放著來自千葉不同產地的醬油品牌，同時也分燉煮、餃子沾醬、生蛋拌飯、生魚片使用等多種用途。事實上，在日本超市裡常見的醬油品牌龜甲萬、ヤマサ、ヒゲタ 都來自千葉，產量也佔了全日本的35％。而千葉也和兵庫縣、香川縣小豆島並列為三大醬油名產地，因此喜歡下廚料理的人，如果不嫌行李重，也可以在這裡選購符合需求的醬油。現場擺放有小小的試吃湯匙，不妨蘸一點放入口，細細比較每種醬油之間的差別。

除了遊客愛逛的伴手禮，即便是在平日，住在當地的居民（包括我在內）也很常來這裡買菜——沒錯，就是為了「買菜」。這裡另一大區域是「產地直送的蔬果區」，擁有種類豐富的蔬菜水果，賣相新鮮又便宜，常常逛著逛著最後就提著沉甸甸的購物籃去結帳，想不到連買菜也如此讓人失心瘋。

對我而言，我覺得這裡更像是當地農家與遊客或在地人的交流站。店內的看板上印有生產者的照片牆，農家在採收、包裝完蔬果後，就會親自運送蔬果前來，偶爾我也會看到他們正用心陳列商品的風景。

林正園
林正巳さんの
梨
入荷中です!!

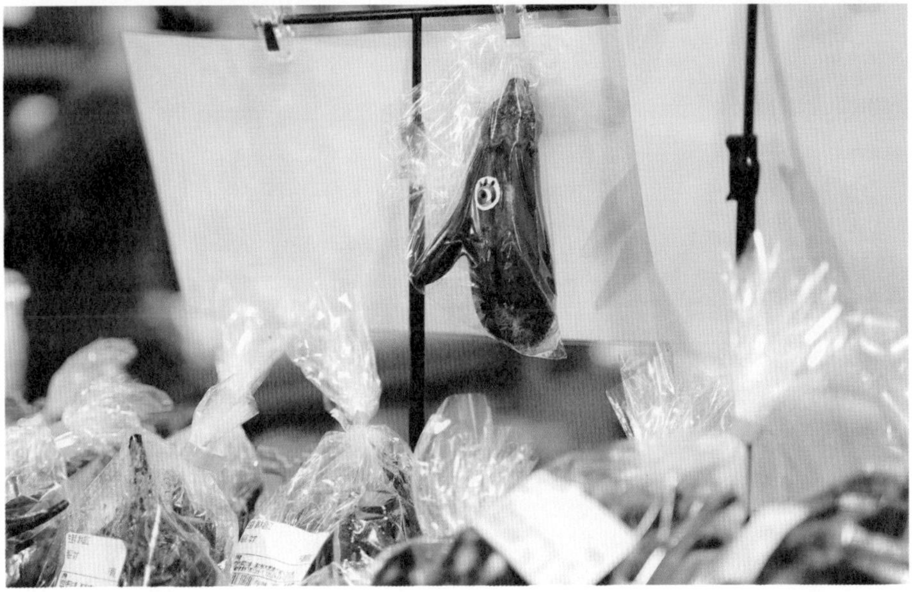

圓圓胖胖的大紫茄、圓滾滾的番茄、季節短卻超好吃的無花果……即便同樣是當季產的蔬果，這裡也有很多品種或不同農家可以選擇。有些農夫還會特別放上自己的照片或是留下小訊息宣傳自家產品，即使本人不在現場，也能以此和客人拉近距離、傳遞親切感。

除了新鮮蔬果之外，還有雞蛋、鮮花、烘焙麵包、手作家常料理或點心販售，這些也全都是來自當地麵包坊、農家或料理家所製作。不論蔬果或烘焙點心，每樣商品的標籤上都會印上價錢和生產者名字，通常選購時我也會特別留意，想著：「如果品質不錯，往後就能『指名』購買。」

這座うまくたの里雖然不是全國最大，但卻因為用心的擺設與販賣模式，讓住在附近的我們也會不時光顧。加上休息站位置剛好是通往南部的玄關，不論平假日都很受外地遊客歡迎。除了上述介紹的伴手禮與蔬果區，店內也有餐廳咖啡店，可以吃到藍莓冰淇淋或滿滿蔬菜的豐盛拼盤。

另外，周邊都是鄉間田野，如果想多留點時間擁抱大自然，也可以租借腳踏車騎乘，在這裡大口呼吸新鮮空氣。

景點資訊

うまくたの里

- 9:00 至 17:00（全年無休）
- 千葉縣木更津市下郡 1369-1
- 建議自駕前往。若選擇自駕的人，導航定位請設定在「木更津東交流道」（木更津東インター）或是「7-Eleven 木更津下郡店」(セブン - イレブン木更津下郡店)

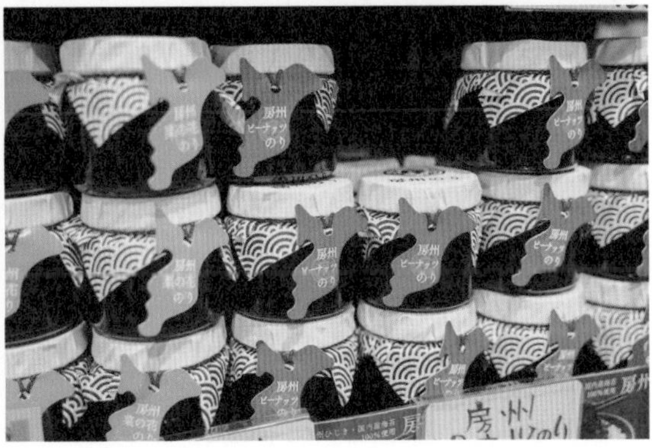

1	
2	3

1. 一踏進門就能看見口味五花八門的繽紛花生豆。
2. 結帳檯前是一大片印有生產者的照片牆，對消費者來說多了幾分親切感。
3. 號稱是白飯殺手的海苔醬。在這裡可以找到許多平常在超市少見的口味。

海螢
海ほたる

每當從東京搭高速巴士回千葉，看到窗外開闊的大海與感受到車身因海風微微晃動，車內還未廣播便能知道：不久後就能到家了。若想從神奈川或東京前往千葉南部，最快的方法不是搭電車，而是開車行經這條橫跨東京灣的人工海底隧道與跨海大橋——「東京灣跨海公路（Tokyo Bay Aqua-Line）」（不過塞車時就另當別論了）。除了這條花費大量時間與金錢搭建的公路外，同時也打造了一座人工島，並建設浮在島上的海上休息站「海螢」（海ほたる）。

穿越漫長的人工海底隧道後，就能看見前方一片深藍大海中浮現的亮光，那便是海螢人工島。一棟五樓高的休息站，如螢火蟲般在海上閃閃發光。當有家人朋友造訪千葉，我一定會趁著往返東京、橫濱或機場時，帶他們到海螢休息站走走。一下車，隨即能感受到滿溢濕氣的海風，當大家聽到自己正站在海上休息站時，都會露出新奇又不可思議的表情。如同其他道之驛一般，這裡有足夠的停車位、洗手間、美食餐廳，簡言之就是個可以讓駕駛與乘客在長途行駛後稍作休息的地方。但雖說如此，光是從洗手間就能看到窗外閃閃發光的海面，以及站內暗藏著多種千葉特色美食，無論疲勞與否，經過海螢若不下車就太可惜了！

　海螢休息站的四樓和五樓有許多美食餐廳、點心、咖啡以及伴手禮商店。其中有許多店家都是主打來自東京灣的海鮮，以及木

更津特產的蛤仔（あさり）美食。例如像蒸得熱騰騰的蛤仔包、帶著淡淡海鹹味的蛤仔拉麵、搭配巧達起司的蛤仔漢堡、外型圓滾滾的像章魚燒但其實是蛤仔燒等。不吃海鮮的人，也能點杯星巴克咖啡或是買份富士山造型哈密瓜麵包，坐在窗邊靜靜觀海，更能確信自己正浮在海面上。

除了享受美食餐廳，海螢休息站也很好買。四樓的伴手禮店能尋寶到許多千葉地方特產，像是使用香脆花生製作的各種點心餅乾，千葉縣代表吉祥物「千葉君」的周邊商品、千葉產的醬油、海螢休息站吉祥物相關商品，就連千葉當地農家種植的蔬果也有機會買到。對我而言，這裡就像是與外地的交界，若在前往外地臨時想帶點什麼伴手禮，也會選擇停留在此採買。

如果時間充裕，就到頂樓的展望台吹吹風吧！站在這裡，更能清楚欣賞被大海包圍的無死角風景，且不論白天夜晚或夕陽西下時的風景都各有特色。能見度好的時候，能望見晴空塔、富士山，也能看見在藍天飛翔的飛機或在海上漂遊的船隻。到了夜晚，站在頂端的另一頭，能俯瞰眼下來往東京灣跨海公路的車流，承載著無數在出發或歸途路上的人們，緩緩地流動，如星河般閃爍。

站在展望台，不論天晴陰雨，一定能見到巨大的半圓扇片，那是名為「CUTTER FACE」的建設紀念碑。原來是當初在開挖這條海底隧道時，實際所使用的大型隧道鑽挖機刀面，直徑14.14公尺，曾是世界最大規模。功成身退後，經過雕刻藝術家澄川喜一的巧手改造，現今將其放在展望台上供人拍照欣賞。到了魔幻日落時刻，在橙光的籠罩之下，大海、天空與看起來有點冰冷的CUTTER FACE 都多了幾分溫柔。

現今儼然成為遊玩景點的海螢休息站，其

實也曾經過大風大浪，才換得現在的風平浪靜。這條總長15.1公里的東京灣跨海公路，由海底隧道與跨海水橋串起，開挖工程嚴峻艱難可想而知。從1987年興建直至1997年底正式開通，足足花了近10年的歲月，並投入了約1兆4409億的高額費用。雖然興建完成之後，大大縮短了東京至南房總的距離，卻因為高額的通行費而導致車輛利用不如預期，大家依舊行駛舊路，原本的塞車問題也無法解決。直到2009年試著降低通行費後，才使往來車流增多，逐漸帶動周邊經濟效果。

若想前往海螢休息站或乘車體驗通行東京灣跨海公路，自駕當然是最推薦的遊玩方式。不過，如果時間充裕，也可以搭電車至木更津站或川崎站，再轉搭路線巴士前往海螢休息站。若是從東京車站搭乘通往「三井OUTLET PARK木更津」的高速巴士，大部分班次也會經由這條路線。或許對很多人來說，東京灣跨海公路與海螢休息站就只是個中繼站，但我個人卻很感謝這條公路的存在。它拉近了我與遠方的距離，也總伴著我帶著回憶歸來；有時是疲累又滿足的，有時是因挫折傷悲而想向車窗外大海尋求慰藉的。那條浮在海上的開闊路橋，總是大大地張開手臂迎接著我，不分日夜白晝，用海風傳話並溫柔地說：「歡迎回來。」

景點資訊

海ほたる

- 設施24小時開放，商店營業時間則依各家而定
- 千葉縣木更津市中島地先
- 1. 至「木更津站」7號巴士站，搭乘路線巴士前往「海螢站」（海ほたる）
  2. 至「川崎站」東口22號巴士站，搭乘路線巴士前往「海螢站」（海ほたる）（非每一台都有開往海螢站，上車時請先確認）

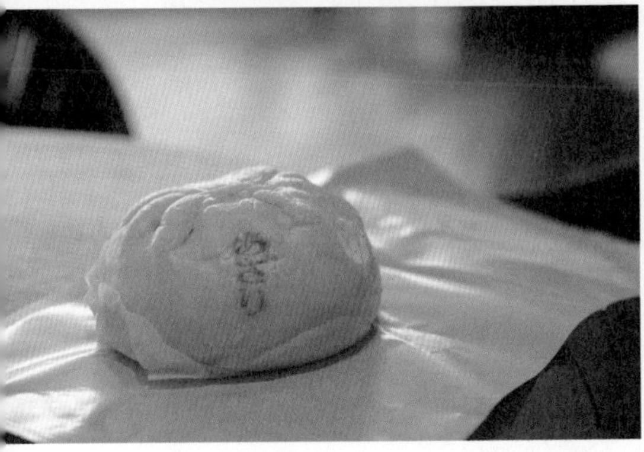

1. 海螢休息站上的幸福之鐘，偶爾會看到大學生情侶們開心地在此拍下紀念照。
2. 上頭烙上あさり字樣的正是熱呼呼的蛤仔包。
3. 販賣部能找到許多蛤仔小吃，一旁還有海景休息區。

千倉潮風王國
ちくら潮風王国

「哇，這麼大的海鮮丼一個人吃三天也吃不完吧！」某天在螢光幕前，看著電視主持人介紹千葉縣內休息站的美食，當店員捧出份量如臉盆般大的海鮮國王丼時，超乎我對千葉海鮮料理的認識，也留下了深刻印象。

過了好一陣子，爸媽難得說要到千葉找我，熱愛海鮮的爸爸自從多年前在北海道嚐過各種海鮮料理後，就嚷著想吃看看千葉的海鮮是否能與其匹敵。於是我和先生自認被賦予重責大任，便帶著爸媽一路沿海往南，展開幾乎餐餐都是以海鮮為主角的料理之

旅。生魚片壽司是基本，烤海螺、烤魚也要嘗試，偶爾再來幾隻炸得酥脆的竹莢魚……吃到後來我和媽媽已經開始想吃些清淡的蔬食，唯獨爸爸的胃卻像是被打開的無底洞，明顯還覺得吃不夠。

正當手上的名單都快掏空時，想起了那天在電視機裡看到的大份量海鮮丼。於是趁著天黑前，駕車趕到位於南房總千倉町的「潮風王國道路休息站」，尋找傳說中的國王丼。

踏入休息站裡的「花房」餐廳（はな房），翻開菜單後發現店內提供的幾乎全是海鮮料理，選擇五花八門，有丼飯、定食、炸物、漁師料理等等，而爸爸鎖定的「國王丼」（王様丼）竟然還有商標註冊，且一天只供應20份。（建議若想吃到國王丼事先預訂比較保險）

幸好當天到訪的時間是平日下午，我們順利點到了國王丼。當店員用雙手捧著如電

視裡看到的臉盆大碗，咚地一聲沉沉地放在桌上時，心裡還是覺得好不真實。10多種海鮮刺身鋪成一大塊柔軟被毯，上頭還躺著隻鮮紅的伊勢海老，盛裝在金色大碗裡，就如聚寶盆般繽紛奪目。爸爸眼裡也映出閃亮光芒，食指大動地等女兒拍照完後，立刻就拿起筷子準備當國王。

「爸，這海鮮丼好吃嗎?」話不多的爸爸，在面對美食時更是寡言。即使不多說，看他一人默默地就這麼把國王丼吃得精光，想必應該是滿意吧?

千葉多處地區都有許多漁獲海鮮，緊鄰太平洋的南房總市較有機會吃到的海產是4~5月、8~12月的伊勢海老、10~6月出產的金目鯛，以及5月初~9月具有鮑魚界國王之稱的「房洲黑鮑魚」。這次，爸媽選在初秋前來，等不到銀杏變黃、也賞不到楓葉轉紅，讓媽媽覺得稍微可惜，但熱愛海

鮮的爸爸卻與許多新鮮海產不期而遇，確確實實地展開一趟「食慾之秋」旅行。值得一提的是，能在南房總吃到高品質的鮑魚，除了要感謝得天獨厚的自然環境孕育，或許也要感謝這一帶保有的海女文化。不過相較於30年前，現今南房總海女的人數銳減，現職的海女們也正面臨年老問題，未來是否還能延續這樣的傳統，有點令人憂心。

如果不敢吃生食或食量不大的人也沒關係，可以點特大星鰻丼，酥脆金黃的炸星鰻豪邁地放在大碗裡，旁邊搭配半朵舞菇、南瓜、地瓜等炸蔬菜，油膩感沒想像中來得重，再淋上醬汁搭配鴨川產的長狹米，一口口酥脆咬在嘴裡，就是療癒。或者點店內蠻受歡迎的海鮮丼，色彩繽紛、份量較小，也能吃得滿足。

另一道令人驚艷的菜色，是二訪花房後發現的寶藏料理「あら煮」。這是使用魚料

1 | 2

1. 使用料理中剩下的部位，以醬汁細細燉煮的あら煮。
2. 一天只供應 20 份的國王丼。

理中剩下的部位（通常是魚頭、下巴、骨頭），以獨門醬汁細細燉煮成的和風料理。「哇！今天竟然有金目鯛耶！」、「鰤魚的這部位吃起來很肥嫩喔~絕對可以補充滿滿魚油！」邊挑著喜歡的部位，與同桌人合力把這座小山剷平。雖然あら煮料理看起來不美觀，或是難啃食，但可能會隱藏有平時較難吃到的高級漁貨或是肥美部位，有如挖寶般，品嚐的過程中也帶有幾分趣味。魚肉吸附鹹甜醬汁，也吃得到每種魚獨自的口感特色，對於喜歡吃魚的人來說，或許是個划算超值又驚喜的選擇。

步出餐廳，還可以在休息站裡體驗逛市場的小小樂趣。除了販賣海鮮漁貨，這裡也能找到紀念品伴手禮，甚至還可以看到販賣鯨魚肉的小店。雖然我覺得過於殘忍，但聽說這一帶的居民和東北地區一樣，已有好幾年捕鯨、吃鯨的傳統。

若還有時間的話，走出休息站建築物以更近距離的方式凝望一旁的太平洋，或是踩踏在建築物前的大塊草皮地上，曬太陽看海發呆也很不錯。

和父母前來的那天，我們頂著飽飽的肚子，在夕陽下沿岸散步。一起爬進前方供人參觀的漁船「第一千倉丸」，觀察千田海岸的潮起潮落，在漸漸黑去的夜色下仔細聆聽海潮聲。

從那之後，每從日本返家，爸爸總會開玩笑地隨口問：「什麼時候還要再帶我去千葉吃海鮮？」憶起那趟少了弟弟的旅行，想起媽媽沒見到秋楓的遺憾，我總笑著回說：「是啊，什麼時候？」心裡沒說出口的是：「如果有下次，就讓全家一起在楓葉開得火紅的時候出發吧！」

景點資訊

道の駅ちくら潮風王国

- 9:00~17:00/ 週三休（1 ~ 3 月、8 月不休息）
- 千葉県南房総市千倉町千田 1051
- 1. 於 JR「千倉站」搭乘館山日東巴士白濱千倉線，至「大川停留所站」下車，徒步 5 分即達
  2. 於 JR「東京站」八重洲南口搭乘高速巴士「房総なのはな号」直達「潮風王國」
  3. 於 JR「千葉站」搭乘「南総里見号」直達「潮風王國」

旬膳 はな房

- 平日 11:00~21:30/ 週末及假日 10:30~21:30
  原則上週三休息，12 月至 3 月及 7~8 月為不定休。

Chapter

2

奔北休日

夏日稚内：奔向日本最北方

對我來說，旅行是生活的動力，也是能暫時喘息的方式。

而北海道對我而言，有著莫名的吸引力，也成了最常前往的目的地。雖然很多時候，到北海道大多僅是在熟悉的景點中亂晃，或是去喜歡的店家吃想念的料理，但幾趟旅行累積下來，也帶了不少值得細細回味的回憶歸來。

在日本的日子裡，也曾受挫難過，迎來在日生活最大的低潮。想奔向北方的念頭越來越強烈，於是決定飛往日本最北端的稚內，再搭上渡輪看看禮文島、利尻島兩座小島，試圖來一場把煩惱忘得徹底的奔北小旅行。

禮文島

位於日本海的禮文島，島面積不大，人口約3千人，島上生長約 300 種高山植物而有「花之浮島」（花の浮島）的別名。在春夏季盛開的花卉之中，有不少是僅能在禮文島觀賞到的珍貴品種，而原本在日本本州須至海拔高的山上才能欣賞的部分品種，在島上相對輕易可見。

花卉成了禮文島的一大特色，許多店家、飯店或是紀念商品會將島上特有的植物花卉作為形象設計，到了花季時期，更有不少遊客會把握短暫的夏季時光，為了欣賞島上的奇花異草前來。（不過，像我這樣單純好奇禮文島模樣的觀光客，應該也不少吧！）

前往禮文島，須至稚內渡船碼頭（稚內フェリーターミナル）搭乘 Heart Land Ferry 渡輪。在購票後等待的期間內，可以到一樓的賣店購買小零食，或是欣賞渡輪航廈站裡陳設的俄羅斯娃娃等象徵與俄羅斯友好的紀念品。

從 1999 年至 2015 年間，Heart Land Ferry 渡輪公司曾定期往返俄羅斯薩哈林州科沙可夫市。也許是因為兩地人民來往較頻繁，在稚內街上偶爾會看到公路看板寫著俄羅斯文，走訪觀光景點時，也會看見街道上皮膚白皙、身材高壯的遊客身影。我在稚內市品嚐過俄羅斯家庭料理，雖然無法判斷自己吃到的口味是否道地，但聽著店內播放的俄羅斯歌曲、吃著暖呼呼的俄羅斯酸奶牛肉，頓時間也有了身在俄羅斯的錯覺。

1 | 2

1. 島上有很多美味海鮮，但相反地蔬菜、肉類價格就貴很多。看到超市裡一份菠菜就要價 324 日圓，更加珍惜並感謝旅館準備的豐盛款待。
2. 夏天裡就如此寧靜的街道，到了冬天會不會更是寂寥無聲？

3 | 4

3. 沒想到人生第一次吃俄羅斯料理會是在稚內。
4. 在渡輪裡就能先來份稚內牛奶冰淇淋，作為旅程開端。

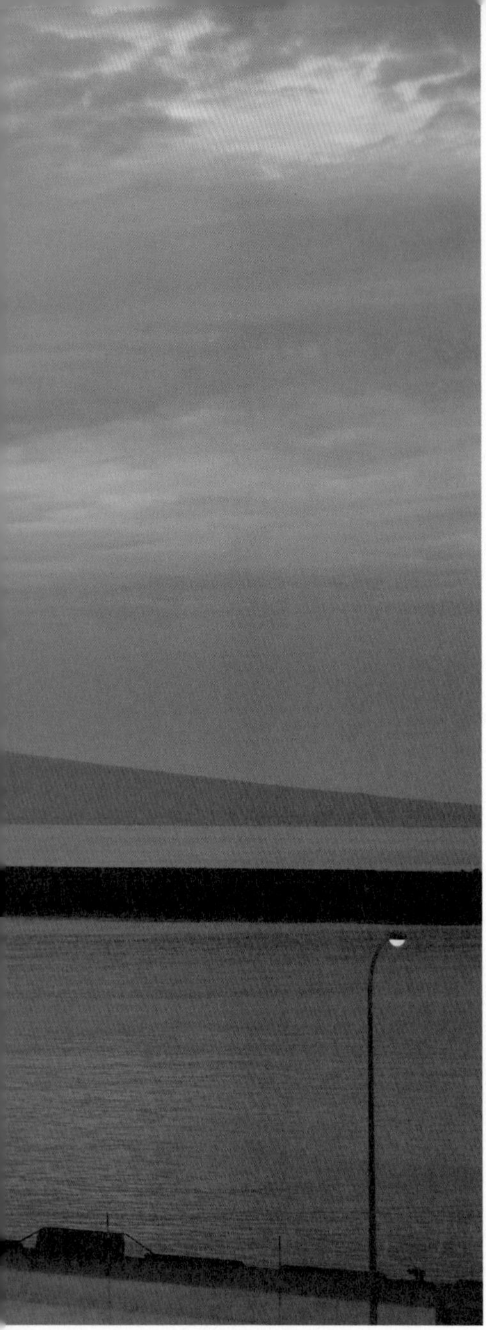

從稚內到禮文島乘船時間約2小時左右。船票分為不同等級，若是夏季觀光季節較容易碰上旅行團前來，因此有些想好好休息的乘客就會花多點錢購買一等座位。而我這次買的是最便宜的二等自由席，所幸乘船遊客不多，因此在乘船時間內也讓我可以真正自由地在船艙裡變換座位，欣賞船內外不同角度的風景。

景點資訊

稚內渡船碼頭
稚内フェリーターミナル

稚內市開運 2-7-1

1. 從 JR「稚內站」徒步 15 分或搭計程車約 2 分可到達
2. 從稚內機場搭車約 30 分或搭機場巴士約 35 分可到達

從飯店房間望出去的利尻山，讓人更期待即將展開的旅程。

須古頓岬

既然在稚內的一切都以「最北」為開端，那就先前往禮文島最北端的須古頓岬吧！須古頓岬（スコトン岬；Sukoton-misaki），名稱源於愛努話，意思是大谷中的海灣。

到訪的時候，看到一群群遊客從觀光巴士下車，也有不少自駕旅行的小家庭或情侶。每個人都輪流站在寫著「利尻礼文サロベツ国立公園　礼文島スコトン岬」的牌子前當個稱職的觀光客，就算強大的海風把頭髮都吹得凌亂，還是要按下快門拍照，畢竟這可是日本北方的最北端啊。沿著步道走向景觀台，正前方的無人小島是「海驢島」（トド島），天氣好的話，能望到遠方俄羅斯的庫頁島，再幸運點的話，據說也有機會見到夏季在對岸淺灘休息的野生斑海豹。

須古頓岬旁邊的伴手禮店也別有一番趣味，裡頭販賣許多昆布產品，甚至還可以來支撒上利尻昆布粉的昆布冰淇淋。如果遇到海膽產季，現場還有鮮甜海膽可以購買。

景點資訊

スコトン岬

北海道礼文郡礼文町船泊順古頓

自駕或從禮文島「香深港渡船碼頭」搭巴士至終點，再步行至須古頓岬（車程約 1 小時）

1/2 1. 須古頓岬
2. 昆布冰淇淋

澄海岬

距離須古頓岬乘車約10分鐘距離，就能到達位於禮文島西北方的澄海岬。曾有人說澄海岬的海是島內最美的藍，而它的名字也因為清澈見底的海水而得名。

將車子停在停車場，再沿著散步道緩緩走向展望台。一路夾著涼意的海風呼呼吹來，將髮絲打亂，兩旁的花草也跟著搖擺。走著走著，便能看到綿延不絕的弧型海岸線與壯觀岩石交織而成的風景，還有那會令人定睛欣賞許久的湛藍海水。

這裡讓我想起曾經去過的小樽積丹半島，同樣藍得不可思議，卻又藍出各自特色。那似乎是無法用調色盤調出的藍，也是難以用言語形容的藍。總之，有機會到禮文島，請一定要來此親眼欣賞。

比起積丹、比起須古頓岬，澄海岬的遊客少了許多，因而更能靜心地享受眼前的一切。看著看著，那隱約纏著我許久的煩惱似乎也就這麼順著風，化成藍的一部分。

景點資訊

澄海岬

- 北海道礼文郡礼文町船泊西上泊
- 自駕或從禮文島「香深港渡船碼頭」搭乘往須古頓岬方向巴士至「濱中站」，再步行40分至澄海岬（車程約50小時）

澄海岬擁有藍得不可思議的美麗顏色。

おとい食堂
海膽料理

「不好意思，我只敢吃北海道的海膽。」

這句話說出口，就算沒有引來對方白眼，自己都會自覺欠揍。我曾在東京或其他地方見過海膽軍艦壽司或海膽海鮮丼，但海膽的賣相實在激不起食慾，加上聽說不新鮮的海膽吃起來有股藥水味，讓我更加不敢嘗試。

初次到稚內，當時還是男友的先生說什麼都想吃看看稚內產的海膽，於是便陪著他到海鮮市場品嚐海膽丼。看著他吃得津津有味的幸福模樣，讓我不禁好奇海膽到底是什麼味道。

1. 絲滑的薯蕷昆布味噌湯，喝起來有大海的柔和鮮味。
2. 口味獨特的海膽冰淇淋。

「我可以吃一口看看嗎？」

在好奇心驅使下，挖了一丁點海膽送入口，沒想到鮮美的滋味令我如此震驚！原本只說吃一口，卻不小心再一口、又一口。

「這樣的話我們應該要點兩份的啊！」先生看著剩不到一半的海膽丼，無奈地表示。

有了前次經驗，再度來到禮文島時，當然要把海膽料理放第一餐，而且這次一定要一人獨享。到了島上受歡迎的「おとい食堂」，它的位置就在對邊須古頓岬的金田岬。食堂裝潢簡單，除了新鮮捕獲的海膽之外，還有鮭魚卵、牡丹蝦、生鮭魚等海產料理。當然，店內最受歡迎的還是夏季才吃得到的海膽料理。食堂會依照當天海膽的捕獲狀況，販售不同種類的海膽料理，像是馬糞海膽（バフンウニ）、紫海膽（ムラサキウニ）……等，而我到達的當天剛好有捕獲馬糞海膽，因此就奢侈的點來試試。

原本以為上桌的會是海膽丼（蓋飯）餐點，但沒想到是分開盛裝的定食。定食附了一碗薯蕷昆布味噌湯（とろろ昆布の味噌汁）與兩道小配菜，同時還提供一盒海苔及昆布醬油，可以搭配新鮮海膽食用。

當鮮橙色的海膽一擺上桌，立刻讓人食指大動！因為有整整80克的海膽可以品嚐，所以能依照喜好自由搭配著吃。我先單吃一些品嚐海膽原味，綿密鮮甜的口感實在令人著迷；接著再倒一些昆布醬油、加一點芥末，拌著白飯吃就是最經典的美味。或者，用海苔包入海膽與些許白飯，細細咀嚼混合海苔香與嫩滑海膽的美妙滋味，也很幸福！

而作為配角的薯蕷昆布味噌湯，也和日本其他地方吃到的風味有些不同。絲絲細滑的薯蕷昆布富有大海的柔和鮮味，煮成暖胃的味噌湯更是絕配，也難怪稚內產的昆布如此受人喜愛。「吃到這裡的海膽後，開始有『以前吃到的海膽到底是什麼』的想法……真的太好吃了！」當天用餐時，聽到旁桌的女客人有點激動且帶著感動口吻跟店員這樣說著。同樣因為眼前海膽而滿足的我，完全不覺得她反應誇張，而是頻頻點頭表示贊同。

如果是不敢吃海膽的人，或是對海膽沒有好印象的話，有機會到這裡就請再給海膽一次機會吧！順帶一提：後來我在利尻島還發現了口味獨特的「海膽霜淇淋」；將稍硬的昆布做成湯匙，在香草霜淇淋裡放入乾燥海膽與細碎昆布塊，如此創新的吃法，實際嚐過後帶來的是難以言喻的驚奇，在我的旅程裡也留下相當難忘的回憶。

景點資訊

おとい食堂

- 4月至9月 11：00～14：30
- 北海道礼文郡礼文町大字船泊村金田岬
- 自駕

桃岩展望台

禮文島上規劃有許多健行步道，每條路線除了步行所需時間、難度不同之外，沿路的風景也各有不同特色。像是以須古頓岬作為起點的行程，全程能遊覽三座海岬，欣賞稀有花卉的同時，也能眺望西海岸壯觀的奇岩異石。

在天氣相對舒爽的夏季，島上各大自然景觀景點總能見到不少身穿專業裝備的健行遊客，有些甚至還有專業導遊帶領。對於喜愛大自然的人來說，若一整個夏天都能待在美麗的禮文島上，應該會感到相當

快樂又滿足吧。

雖然我們什麼都沒準備，但還是想體驗一下在島上健行的樂趣。於是選擇了能欣賞島上多數花種與利尻富士的桃岩展望台路線。

菜鳥等級的我們，一到了桃岩展望台就隨意跟在健行遊客自然形成的隊伍尾端。一路上果然看到許多叫不出名字的花卉，彷彿遊走在另一個星球，每一種奇珍異草，都讓我感到十分新鮮。接著，發現了在海上的黑色小貓「貓岩」，以及圓滾滾的可愛「桃岩」。但穿著普通衣裝的我，實在抵不住刺骨寒風，只好中途放棄，並默默許下下次一定要整裝再來的心願。

景點資訊

桃岩展望台

北海道礼文郡礼文町香深

自駕或從香深港搭乘巴士約 10 分鐘車程，下車後徒步 40 分鐘可達

※ 桃岩展望台路線容易遇到強風與濃霧，行走時一定要注意自身安全。另外，若雨天過後在各大地點健行，也要小心路滑。

1
2 | 3

1. 島上天氣變化多端，抵達桃岩展望台時，天空開始出現烏雲，海風不斷在耳邊呼呼掃過。
2. 仔細觀察貓岩的形狀就不難了解它名字的由來。
3. 越靠近桃岩，越能清楚欣賞它圓滾滾的模樣。

利尻島

在禮文島停留一天半，緊接著再搭著渡輪前往利尻島，兩座小島相隔約45分鐘的乘船距離。

利尻島的形狀不是禮文島細長的模樣，而是偏向圓形的島嶼，以標高1,721公尺的利尻富士（利尻山）為中心；散落在島上的「姫沼」、「Otatomari沼」（オタトマリ沼）、「白色戀人之丘」（沼浦展望台）等景點，皆能捕捉到不同角度的利尻山絕美姿態。搭配四季白晝的變化，不論是映在湖面上的山巒模樣，還是在夕陽下鑲入金邊的山影，都讓人陶醉。

每位到利尻島的人都因她的美麗而感動。或許也感動了石屋製菓的社長，大家到北海道總要買幾盒的「白色戀人」伴手禮，外盒包裝原來正是利尻富士的模樣。戀人們若有機會前往島上名為「白色戀人之丘」的沼浦展望台求婚，據說還能獲得一份特別的「求婚證明書」呢！

除了自然美景之外，島上最知名的當然就是利尻昆布了。開往各個景點的路上，海岸邊的奇特風景隨處可見。遠遠看到沙灘上一大片茶黑色排列的東西還有點摸不著頭緒，後來才發現，原來那些都是在做日光浴的利尻昆布。昆布收穫期為7月到9月，恰好在夏季前來的我們，因此能有機會見到不少當地女性戴著帽子、在日光下忙著昆布採收作業的風景。

1	
2	2

1. 在島上隨處可見這樣的曬昆布風景。
2. 開車在這裡沿路都能感受到利尻島獨特的美。

味樂拉麵

由於稚內是日本領土最北端的地區，因此在這裡會看到很多以「日本最北」為開頭的紀念景點，像是日本最北的鐵路車站、最北的郵局、最北的機場、最北的麥當勞……等，全部冠上最北兩字後，格外有意思，也不免讓人想拍照紀念。

在連續吃過幾餐豐盛的海膽海鮮饗宴後，一碗熱騰騰的拉麵比起山珍海味更引人食慾。於是，在利尻旅遊的隔天立即出發找尋位在日本最北端的拉麵——味樂拉麵。

味樂拉麵在2012年、2017年入選米其林必比登推薦餐廳名單後，被稱作「最難去的美味拉麵店」。原因在於要到達利尻島，必須「搭機至稚內、轉渡輪」或「先搭機至札幌再轉機到利尻機場」，此外味樂的營業時間為11點30半至14點，如果不花個兩天一夜，實在很難吃得到。

當抵達味樂時，看見店外觀後我再次確認了一下地圖是否正確，因為這裡就如一家普通的民宅，沒有樹立的拉麵旗幟，真怕自己走錯了。走進店裡，排排擺放的漫畫書牆以及如同在家用餐的餐桌座椅，頓時有種到朋友家作客般的錯覺。

入座後等待餐點的同時，也不時聽見店員與當地常客寒暄問暖或與遊客聊上幾句，麵還沒上桌就感到親切與溫馨，心比胃先暖了起來。

店裡頭提供四種拉麵，燒醬油、鹹味、

味噌、辣味噌，還有咖哩飯、煎餃、啤酒等菜單。初次嘗試的話，就點特別的燒醬油口味吧！帶點透明的醬油色湯頭，看起來清淡不油膩，緩緩入口後卻被它濃郁又夾雜焦香味的特別口感給驚艷到。或許第一口會有點鹹，但奇怪的是，你不會因此停下動作反而會想將湯勺一匙又一匙的往嘴裡送，邊用舌尖分析、邊思考著：「如此特別的口感是否曾在別處嚐過？」

原來這碗令人上癮的褐色湯頭，是使用大量頂級一等品種的利尻昆布熬煮出來。將昆布放置於嚴格控管濕度的空間中，經過三年熟成時間，與蔬菜、雞骨、豚骨等食材，慢慢燉煮成濃郁又能釋放出自然鮮味及甜味的湯頭。湯頭裡放入條狀筍乾、如細髮的蔥絲、海苔、叉燒片、煮熟的雞蛋，以及波浪狀的略粗黃麵（太ちぢれ麺），食材吸附滿滿精華湯汁後，每一口都是美味。

用餐的時候，聽到來自東京的客人在結帳櫃檯露出滿足的微笑，並大大給予好評。老闆與老闆娘笑呵呵地回應：「那以後想吃的時候就到橫濱吧！」2017 年 3 月，味樂也進駐到橫濱拉麵博物館開設分店，雖然不確定味道是否和這裡一樣？但聽說有很多客人就是在橫濱吃過後，不遠千里也要來這裡親嚐一碗最難吃到的美味拉麵。

景點資訊

味楽 みらく

- 11:30 ～ 14:00（晚上不營業，週四公休）
- 0163-84-3558
- 北海道利尻郡利尻町沓形字本町 67
- 從鴛泊港開車 27 分鐘；從利尻機場開車 21 分鐘；從沓形港徒步 9 分鐘可達

停留在利尻島的短暫日子裡，天氣陰晴不定。特別是在前往Otatomari沼和沼浦濕原時，只能發揮想像力，將頭頂上的雲霧轉換成昨日的藍天，並猜想害羞的利尻山可能躲在哪一片烏雲裡。雖然沒能欣賞利尻島的代表風景而感到幾分可惜，但幾天下來遊走禮文島與利尻島，已讓我身心與胃囊都感到相當滿足。

走過這趟旅行才知道，這兩座小島雖然距離僅相隔約8公里，卻各自擁有不同的自然寶物。在地質與地形環境相似的情況下，為何能擁有這樣的差異，至今都還是解不開的謎。

此趟旅程前，陷入低潮期的我常在通勤時看著旁人在內心自問：「是否要像眼前這些面無表情的人們一樣，把自己的一部分擦去，才能更融入這個社會？」但越是努力學著融入，就越不了解自己究竟是變得什麼

1 | 2

1. 原本想一睹印在白色戀人包裝的風景，實際抵達卻不如預期。
2. 以復古玻璃瓶盛裝的乳酸飲料ミルピス，據說是島民們從小喝到大的飲品。

樣子了……。準備搭船離開的前一刻，帶著不捨的心情喝著利尻限定的乳酸飲料ミルピス，天空忽然撥雲見日。曬著再次照亮島嶼的陽光，心想著：「就像禮文和利尻一樣，即使處在同一環境下，我也不用一定要活成和他人相同的模樣吧！」

在郵輪上，望著眼前出來道別的利尻山，我浮起了微笑回應：「謝謝，我會適度地做自己，就像你們一樣。」

注意事項

交通與天氣

1. 島上交通不便，部分地區網路訊號微弱，建議事先做足功課再前往。
2. 稚內的年平均氣溫大約 8 度左右，最冷的 1、2 月最高氣溫僅 -2 度左右，夏季 8 月平均最高氣溫僅 22 ～ 28 度左右（當時居住的旅館甚至沒有裝設冷氣）。相對於日本其他地區，平均氣溫來得低，若要到稚內旅遊，特別是健走爬山，記得務必事先查好當地氣溫及多帶防風保暖衣物，也建議最好團體行動。

在渡輪上再好好欣賞一次利尻山，
與這座美麗的小島道別。

盛夏北海道：

有時旅行多了伴，

也很美好

大多時候在日本國內的旅行，都是利用出差前後的獨旅或和先生一起的小旅行。這一次，多了親友相伴，而有了特別的旅行回憶。

在某個難得大家都有時間的暑假，一起到北海道自駕旅行。我們一路從南部慢慢開車到中部，路途中不趕行程，緩慢遊玩。多了年紀相仿、志同道合的旅伴互相分享旅行趣事，快樂的確更加倍，也成了我們至今都會不時再拿出來回味的美好回憶。

幸運小丑漢堡

我們將位於北海道最南邊的海港城市「函館」作為旅程的開始。下飛機後的第一餐不是海鮮，而是立刻駕車到只有函館當地才能吃到的「幸運小丑漢堡」報到。

在函館市內有17家分店的「幸運小丑漢堡」，從餐點、裝潢風格都各具特色，被日本網友票選為日本最好吃漢堡，也是深受遊客歡迎的當地美食，更是我來到函館後一定會光顧的餐廳。

幸運小丑漢堡的菜單內容非常豐富，除了漢堡還有咖哩飯、蛋包飯、大阪燒、牛

走入峠下総本店的木屋建築，彷彿來到小小主題遊樂園。聽說冬天的時候這裡還會點上聖誕燈飾，為夜晚的樂園帶來不同氛圍。

返却コーナー
幸福堂

排、披薩、日式炒麵以及甜點，選擇多到讓人眼花撩亂，不過第一次來還是推薦大口咬漢堡囉！

當餐點送上桌，手握著漢堡就能感受到透過包裝紙傳散而來的溫熱及厚實份量，原因是這裡的每份餐點採現點現做，且堅決不用冷凍品。店內的招牌菜色是「中華雞腿堡」，曾在中華料理店工作過的創始人王一郎會長，將中華料理與美式漢堡結合，使用北海道產雞肉炸成口口酥脆的炸雞塊，並淋上帶點酸甜味的糖醋醬，有多邪惡就有多美味。人氣第二名「幸運雞蛋堡」，是用稍微烤過的芝麻漢堡麵包夾著大份量漢堡排，搭配煎得恰到好處的雞蛋、北海道產生菜、番茄等，讓我聯想起台灣早餐店裡常見的漢堡。

將罪惡感拋開後，來份「幸運薯條」吧！金黃薯條淋上滿滿肉醬與起司醬，吃起來口味有點偏重，但也因此更適合搭配沁涼汽水

1. 人氣第二名「幸運雞蛋堡」，吃起來有點像台灣早餐店的漢堡風味。
2. 咖哩蛋包飯聽說頗受當地人歡迎。
3. 幸運小丑漢堡販賣現做熱食外，也販售自家伴手禮商品，種類也是五花八門。

或冰涼啤酒。尤其在夏季，這樣的搭配更是過癮。（我個人鑾喜歡稍軟的薯條，因此能接受醬料沾濕薯條的口感，如果怕會膩口可以多人分享。）

第一次踏入的幸運小丑漢堡店是峠下総本店，當時還以為自己來到一座小樂園。幾乎要觸頂到天花板的長頸鹿、騎坐在旋轉木馬上的泰迪熊娃娃、聽說會招來財運的紅色巨大座椅……帶點雜亂且無統一感的裝飾擺設，難以歸類的裝潢風格，完完全全顛覆了我對速食店的印象。

而這回來到距離函館機場最近的戶倉店，是間以漢堡歷史為主題的分店。餐廳內的牆壁、天花板等各個角落，擺放著許多王會長長年收藏的漢堡相關海報、書籍、國外餐飲店菜單，一走進去就能感受到空間裡散發出濃濃的美式懷舊風格。

除了上述兩家分店，遍及在函館市的幸運小丑漢堡分店共有17家，每一家都有不同的風格主題。部分分店座落在五陵郭公園、函館車站、金森紅倉庫等函館觀光景點附近，加上以日本物價來說價格也沒有貴到離譜，難怪深受當地人及遊客的喜愛。

景點資訊

函館ラッキーピエロ 峠下総本店

10：00～23：00
亀田郡七飯町峠下 337-11

函館ラッキーピエロ 戸倉店

10：00～23：00
函館市戸倉町 30-1

1. 距離機場最近的戶倉店，店內有許多往返機場的客人，如果是趕著上飛機的話，記得多預留點時間，因為餐點同樣是現點現做，需要等待喔！
2. 知名景點「金森倉庫」海灣附近的分店，為幸運小丑漢堡一號店「ベイエリア本店」（海灣地區本店）。

函館港祭典

在遼闊的北海道旅行，很多時候都需要自駕比較方便。除了小樽、札幌之外，函館這座靠海的港灣小城市，是我認為少數不用駕車也能自在遊玩的北海道景點。知名的觀光景點距離函館車站都不會太遠，市內也有公車或路面電車方便移動，對於時間不多卻又想體驗北海道魅力的旅人來說，絕對是一項優點。

累積幾次在函館短暫的小旅行後，當然帶來許多特別回憶，好的、壞的，至今都完好地保存在腦海中。

函館擁有許多歷史悠久的建築物，街道之中散發著別於日本其他地區的異國氛圍。

1

2 | 3

1. 在函館市內移動多半不需開車，大部分靠徒步或搭乘路面電車、巴士就可遊走許多觀光景點。
2. 在函館港祭典期間才能見到的花車遊行。
3. 花枝為當地名產，除了遊客喜歡的釣花枝體驗、花枝飯，以及函館港祭典裡會表演的花枝舞，就連車站前的郵筒也變成可愛的花枝造型。

有次，在函館短期出差，上午天氣明明還算晴朗，但午後在坂道間努力爬行的時候卻突然下起雨來。背著沉重行李走路如烏龜緩慢的我，狼狽地前往下一個工作地點。「今天晚上有颱風呢！你確定還要上山去拍夜景嗎？」當地人聽到我要去看知名的函館夜景，有點擔心地問。後來，實際到了函館山上，在逐漸變黑的天色下，百萬夜景就要出現時，天空奏起隆隆雷鳴，閃電也頻頻掠過天際，景觀台的工作人員不停廣播要求大家疏散下山。

最終，還是帶著沒看到夜景的殘念回到了飯店。在吹著強風的深夜裡，疲憊的我好不容易入睡卻突然感到一陣天搖地動，刺耳的海嘯警報聲劃破寧靜的夜，我緊張地起床，忽地想起同事曾說東日本大震災（311大地震）當天正和老婆在函館度蜜月，當時地震引發了海嘯造成淹水等災害……。咦？我不就正好在海港附近嗎!?

位在十樓的我一邊安撫自己緊張的情緒，一邊急忙地拿著所有重要物品，跑往一樓想先看看周邊情況。

心跳急促的我到了大廳，只見臉色平靜的飯店人員與幾位議論著剛才地震的零星旅客。走出飯店外，看到附近紅綠燈因停電造成交通大亂、許多人紛紛開著車到便利商店搶物資……。不知所措的我獨自站在街頭，別於以往的孤獨感來襲，加上因為手機無法充電，我告訴自己除非必要得先避免使用手機，只能在內心不停祈禱度過漫長黑夜後，

去了函館 5 次後，才終於有緣欣賞到的迷人夜景。

能順利搭飛機回到東京。

所幸，最後平安回家，卻讓我對函館留下了這樣一段深刻回憶。

這次再度踏上函館，走在熟悉的街道，又勾起地震那晚的惶恐。「你們看！路面電車軌道上有特別的花車耶！」旁人興奮大喊的一句話，把我從那個黑夜裡抽離。

原來，我們幸運地遇到一年一次的「函館港祭典」，這是在每年夏季裡舉行約4天的盛大祭典。市內會有特別裝飾的花車遊行，遊客們有機會欣賞函館港傳統舞蹈，還能和市民們跳著有趣又容易學習的花枝舞，以及多項相關祭典節目。（可惜我們這天只看到零星的花車，後來才知道首日通常是以煙火大會作為開場，隔日才會有較正式的舞蹈及遊行表演。）

或許因為這只是祭典的開端，慶典氛圍並不濃烈。但仔細觀察仍可以發現，這時候的函館好像和以往不太一樣。巷弄裡出現幾攤小吃攤販，販售烤肉串、炒麵、棉花糖等等，散發著撲鼻香味。穿著浴衣的少男少女們快樂地聊天談笑；小手牽著爸媽的小朋友，大口吃著剛買到的食物……。以往在當地居民臉上看到的那種祥和，此刻多了些期待、興奮與雀躍，這大概就是祭典的魔力吧？

當初舉行函館港祭典的原因之一，就是為了讓市民們恢復活力而誕生。1935年函館曾發生嚴重大火，約有一萬多棟建築物慘遭祝融襲擊，並造成嚴重死傷。隔年正好為函館開港77週年（值得慶祝的喜壽之年），同時為了鼓勵市民從災害的悲痛中走出來，便在夏季召集市民展開紀念儀式、祝賀會與慰霊祭。活動期間裡，不論男女老幼都一起跳舞，還有各式各樣的遊行及煙火活動，讓函館市找回消失好一陣子的熱鬧。

夜幕低垂，平時寧靜的港口城市有別於以往般熱鬧。這天，我們沒有爬上函館山看夜景，而是跟著人群走到函館港港邊，等待即將開始的花火大會。這個只有在祭典第一天進行的活動，是函館最大的煙火表演，若是錯過就太可惜了！

在觀賞煙火的場地裡，身邊多是有備而來的人們。年輕情侶穿著浴衣牽手依偎，似乎等候時間不論多久對於他們而言都不嫌長；一家團聚的家庭鋪上餐墊就地而坐，拿出零食啤酒飲料閒話家常，等待好戲上場。也有不少人像我們一樣，在煙火施放前穿梭在會場，就為了找到較好的觀賞位置。

雖然最後我無法佔到最佳位置觀看，但撇除眼前有點礙眼的燈桿，依然能清楚見到從海面升起至高空的絢爛火花。華麗燦爛的、在天空變化出圖樣的、開出數朵小花般形狀的……吹著微涼海風的黑夜，我們都捨不得錯過任何一個仰頭凝望的時刻。

每一發煙花落下，大家就會齊聲發出讚嘆，眼裡映著微小亮光，掛起滿足的微笑。或許，人生就如煙花般一閃即逝，卻也能在集聚能量後奮力開出燦爛火花，刻下永恆璀璨。

感謝那年意外獲得的小幸運，讓我們得以感受到北海道夏季限定的活力，也為我再次添上能好好收藏的回憶。

景點資訊

函館港まつり

每年8月初，通常為8/1～8/5，但可能因氣候而有所變更

函館有著許多坂道，其中的八幡坂是熱門
拍照景點。在這裡能一眼俯望至函館港的
美麗風景。

小樽堺町
浴衣風鈴祭典

除了函館港祭典，我們也幸運地遇到了夏季限定舉行的「小樽堺町浴衣風鈴祭典」。

原本就是以玻璃製品知名的小樽，在每年8月會將最受歡迎的商店街「堺町通」，作為浴衣風鈴祭典的主要會場。原本車水馬龍的商店街進行道路管制，在沒有車輛來往的街道上，更能輕鬆舒適地享受逛大街的行人特權。

商店街道路中央擺放起以紅色支架搭起的「風鈴迴廊」，綁上一串串五顏六色的

風鈴，在陽光下透出閃閃動人色澤。當微風輕拂，大小風鈴輕輕唱起優雅悅耳的仲夏合奏曲，迎接每位來到小樽的旅人。

風鈴迴廊說短不短、說長不長，看是要細細欣賞每個風鈴的模樣，還是悠悠走過聆聽沿路吹來的叮噹聲響。形形色色的風鈴之中，有精美優雅的、造型逗趣的，走走停停之間，心情也跟著舒適開朗了起來。

說起日本夏季裡的「※風物詩」，有煙火、牽牛花、金魚、西瓜，當然還有風鈴。

古時認為，強風能吹走流行疾病災害；聽得到風鈴聲響的範圍被視爲聖域，能防止疾病災害，據說寺廟裡因此也會掛上青銅製的「※風鐸」。到了江戶時代中期，

※風物詩：象徵季節的事物。
※風鐸：為風鈴的原型。

會場一旁舉辦著彩繪風鈴活動。

玻璃製的風鈴成為主流，原本被視為消災驅邪的風鈴，便成了夏季的消暑物品。

至今仍有許多日本人認為風鈴具有解暑效果。懸掛在風鈴之下的籤型短冊，把無形的風間接變為有形，見到風鈴隨風輕晃，以及同時傳入耳裡的清脆聲響，都讓大腦下意識地感到清涼，也讓酷暑產生的浮躁煩悶化成療癒平靜。

還有些人認為風鈴具有開運效果，他們相信風鈴的聲響具有淨化作用，若放在家中特定位置，能驅邪帶來好運。

欣賞完一串串風鈴，也可以走入散落在小樽各處的玻璃專賣店，繼續欣賞小樽玻璃製品的細膩與特色。每家專賣店所販售的商品風格各異，有興趣的話，還能到當地工作坊參加玻璃製作體驗。

既然叫做浴衣風鈴祭典，除了風鈴之外，另一項重點當然就是浴衣了。果然這裡也和其他夏季祭典會場一樣，能見到許多穿著浴衣的人們，部分店家也會配合進行穿浴衣就享有優惠的活動。

「在這樣沒有很熱的溫度下穿浴衣才比較合適吧？像關東、關西那種炙熱的夏季裡，日本女孩到底是如何保持完美妝容，穿著浴衣走完所有約會行程的呢？」我和親友們站在商店街上，喝著沁涼飲料，看著來來去去的浴衣女子好奇著。

走到街道末端，看到小樽蒸汽鐘附近搭了一座臨時舞台。舞台上穿著浴衣的女孩們彈奏著電吉他哼哼唱唱，展現滿滿青春活力。舞台旁的露天座位區裡，大家喝著清涼啤酒愉快交談，整條商店街瀰漫著別於以往的熱鬧。

走到這裡才發現，大多充斥著觀光客的堺町通，在這個時節裡也吸引了許多在地人前來。或許很多人認為這樣的活動規模並不大，但對於當地人來說，規模大小似乎不是最重要的，活動最終的目的，應該是希望在場的每一位都能更愉快地共享北國難得的暖陽，把握美好的夏日時光，與親愛的人相聚。

景點資訊

小樽堺町 ゆかた風鈴まつり

- 每年舉辦時間不同，大約在 8 月初
- 小樽堺町通 · 色内大通 · 童話廣場（メルヘン広場）

TOMAMU雲海

從北海道最南邊一路開往中部，旅程的後段我們來到幾乎在北海道中央位置的TOMAMU。

位在北海道勇払郡占冠村的TOMAMU山（トマム山），是近30年來新開發的度假勝地。1982年起陸續打造滑雪場、渡假中心、飯店等設施，冬天滑雪、夏天避暑，還有安藤忠雄的水之教堂，以及壯觀的雲海景觀可欣賞。加上距離美瑛、富良野、札幌等觀光景點皆不遠，自然也吸引不少人前來度假。

1. 走在「Cloud Walk」懸空橋上偶爾輕輕晃動，有一種漫步雲端飄飄然的錯覺。
2. 在梯田座椅區休息時，已能看到雲海裡浮現建築物的景象。
3. 走到天空大吊床已差不多該往返走。若想再往前爬 TOMAMU 山的話需留下登山者資料，也需更小心自身安全。

曾見過別人分享的TOMAMU美麗風景照片後，便默默地把那片雲海收在口袋名單，趁著這次旅行安排到TOMAMU一探究竟。

不過，TOMAMU雲海似乎不是那麼容易看見，官網寫著「形成雲海的機率在季節中平均約為30%～50%。依據氣溫、溼度、風向等條件，形成的雲海型態也不同。」又聽說，最容易觀賞到雲海的季節為6、7月，雲海出現頻率約為每三天一次。由於行程時間安排無法久留，是否能幸運見到那片美麗雲海，就完全得靠運氣了。

隔日，清晨3點起床，5點左右抵達雲海纜車搭乘處，搭乘約13分鐘的纜車後，就可抵達標高1,088公尺高的雲海平台。飯店人員事先提醒我們要有排隊1至1個半小時的心理準備，因此建議提前抵達才不會錯過最佳觀賞時間。

睡眼惺忪的我們一抵達現場就見到滿滿排隊人潮，才知道原來大家都那麼早起。不過，隊伍中的每個人都是「有蟲吃的早起鳥兒」，雖然要花點時間排隊，但流動速度比想像中順暢。途中看到一台台不同造型的纜車，期待感也隨之而增。

隨著纜車越升越高、山腳下的風景也漸漸變得迷濛。越接近山頂越看不清楚，窗外的四周都被濃霧包圍，加上當時腦子半睡半醒，有如身在夢境般感到不可言喻的奇幻。

下了雲海纜車走沒多久，就會看到能一邊觀看雲海美景、一邊品嚐雲朵飲品的展望咖啡廳。往上走有間小郵局，門口擺放寫著「雲海」兩字的天空藍郵筒。我先在這裡挑幾張喜歡的風景明信片寄給自己，期待著回家後收到明信片蓋上特別郵戳的驚喜。

走著走著，正好遇到平台上的解說導覽員，才知道在TOMAMU的雲海主要分成：太平洋系雲海、TOMAMU雲海、壞天氣雲海。每種都是由特殊的氣候狀況形成，也帶來三種不同視覺效果的雲海。而這天的是TOMAMU雲海，平均預測能見度僅40%。導覽員說到這裡，我們眼前的雲海輪廓似乎越來越清楚，和旅伴們彼此帶著欣慰的眼神對望表示：「第一次來就能順利看到雲海真是太好了！」心裡浮現隱隱的感動。

隨著路線指引，大家漸漸往不同方向散去探尋。平台上規劃有許多景觀景點，每一處都能帶來不同驚喜與樂趣。

宛如雲上特等席的「Cloud Bar」，爬坐在約3公尺高的座椅上，能以更高的位置欣賞壯麗景觀；腳下是朵朵浮雲的景觀步道橋「Cloud Walk」，走在懸空橋上偶爾輕輕晃動，有如漫步雲端般飄飄然的錯覺；一顆顆疊在小山坡上的球狀物體是「Cloud Bed」，可以舒服地躺在球體上，仰望似乎能伸手觸摸到的遼闊天空；半懸空地搭在坡道邊的巨大吊床「Cloud Pool」，是孩子們在天空裡的遊樂場，他們在網狀吊床裡翻滾遊玩，在浮雲之中開心又純真地呵呵笑著。2021年夏季，雲海景觀平台重新翻修，能以更棒的視角欣賞雲海，帶來如漂浮在雲間的錯覺。另外，也新增了不受天氣影響的室內咖啡廳「雲Cafe」，提供許多雲朵造型的飲品餐點，像是軟綿綿的雲

朵霜淇淋、有著檸檬或香草輕甜口感的雲朵馬卡龍等，更能悠閒愜意地享受在雲端上的難得時光。

官網這樣寫道：「在風勢弱的晴朗夜晚，熱氣上升，冷空氣流向盆地地形的底部，放射冷卻效應產生了TOMAMU雲海。形成這種雲海的早晨，山頂比山腳氣溫高。日出之後盆地溫度升高，雲海便會慢慢消失。」因此，隨著在平台上停留的時間增長，爬到後方的梯田座椅、Cloud Bed時，已經漸漸能看到雲海裡浮現的建築物景象了。

在各個景觀台上我總不禁靜靜凝望，走在景點之間的步道上也不時轉身，每一次的回頭張望，雲海似乎都和前一次所看到的有些不同。因為知道眼前千變萬化的景色得來不易，所以才如此珍惜地想把它的每一種美，都好好烙印在腦海中。

還記得當時在觀景台上，聽到隔壁一位講著中文的大哥說：「這裡又沒什麼，我們那也有這樣的雲海啊！根本不需要跑來這裡看嘛。」說完沒幾秒大哥便覺得無趣地掉頭。

或許吧！每個人心中都收藏著自己認為最美最動人的風景。但若能將心放大，擁抱眼前的美好，我們是否能看得更遠更自在呢？

景點資訊

雲海テラス

- 纜車乘坐時間：5:00~8:00(上行纜車最後乘車時間)、9:00(下行纜車最後乘車時間)
- 大人1,900日圓、小學生1,200日圓
- 北海道勇払郡占冠村中TOMAMU

UNKAI TERRACE GONDOLA TICKET

秋日札幌：
心中最美也最喜歡
的北國面貌

過了溽熱的夏季，看到超市裡到處擺放著萬聖節的商品便知道——我最喜歡的秋天來了！尤其在四季分明的日本，秋天更是令人期待。

或許有人會說，像京都那般充滿日本風情的模樣才是令人們嚮往的吧！但等不及的我，總想快點迎接秋天，在10月底、11月初就往更北的札幌前去。在北海道大學裡的銀杏大道、在漫著詩意的中島公園池畔前、在秋意濃厚的圓山公園木林間，收集屬於北國的秋季限定風景。

北海道大學

北海道大學，簡稱北大或海大；前身是舊制帝國大學——北海道帝國大學，起源於1876年的「札幌農學校」。位在札幌市中心的北海道大學，從札幌車站步行前來並不會太遠。校園腹地廣大，約有東京巨蛋38倍大。

北大校園裡散落著許多歐風特色建築校舍，搭配著隨四季變化的自然風景，讓早已不是學生的我十分嚮往。因此，每到札幌便會抽空到這裡走走，尤其秋季的銀杏大道，是札幌代表的秋冬景點，也是讓我百看不膩

1 / 2

1. 秋季裡中央食堂附近的「大野池」，池畔周圍圈上一層層紅橙黃綠的鮮豔色彩，範圍雖然不大但也引來許多人佇足欣賞。
2. 舊昆蟲學與養蠶學教室，是札幌校園內最老的校舍，左右兩邊對稱的 3 連窗戶為一大特色。其實曾經還有一棟同樣設計的農學經濟學與農政學教室，可惜已於 1979 年燒毀。

1 | 2
2 |

1. カフェ de ごはん販賣的今日甜點套餐不到 1000 日幣，就能一次吃到兩份甜點。這天是我最喜歡的草莓蛋糕和提拉米蘇，實在太幸福了。
2. 北大マルシェ裡的牛奶霜淇淋單吃就很好吃。另外也可以點一份香烤鬆餅、香醇牛奶，細細品嚐四季皆有細微風味變化的北大牛奶乳製品。

的秋季風景。

建議可以從正門口進入，並挑選幾個校區景點如：北海道大學綜合博物館、大野池等，做重點式的校園巡禮。可以事先在官網下載好線上地圖、做好功課，或隨心跟著校區內的指標任意在校園裡漫步觀光。

走過中央食堂、大野池，就能見到綿延380公尺長的銀杏大道。當70棵銀杏樹開得金黃，一字排開相當壯觀。自2012年起，每年10月底最後一個週末這裡都會舉辦「北大金葉祭」，疫情期間雖停辦了幾回，但令人開心的是2022年起終於又恢復了舉行。祭典活動期間會進行夜間點燈，夜裡打上七彩絢爛的燈光，讓整條銀杏大道帶來別於白天的秋季風情。

不過，由於秋季銀杏觀賞期間到訪的人數眾多，因此祭典活動的入場人數可能會有限制，並且會規劃觀賞、拍照區域，以及限制

車輛通行。雖然秋季的人潮確實頗多，但幸好銀杏棵棵長得高聳，仰頭一望，每個人就能像是獨享般地陶醉在溫柔的金黃之中。

在北大校園散步後，我總喜歡回到校園正門口附近的「エルムの森」。這裡是資訊中心、紀念品店，再往裡走還有間咖啡店「カフェdeごはん」。裡頭販賣簡單的餐點、麵包輕食、甜點，在享用甜點的同時，偶爾也會見到一旁莘莘學子邊喝咖啡邊討論著課堂上的大小事，他們臉上散發的青春光芒，總令我勾起學生時代的回憶。

在校園正門口附近的另一端，還有「北大マルシェ」咖啡廳，那裡的霜淇淋是我心中的前三名；香醇濃郁，是捨不得與人分享的私藏美味！這裡有販售優格、起司等乳製品及伴手禮點心，也可以坐在用餐區好好享用漢堡排、焗烤起司等用北大牛奶製作的豐富餐點。

每次走在北海道大學裡，都好羨慕在裡頭就學的學子們，能在這麼美的校園裡唸書。加上地點就位於札幌市區，周遭賣店、餐廳、商場百貨應有盡有，這應該也是很棒的加分點吧？雖然當不成北大學生，但能在校園裡做做夢也不賴。

景點資訊

北海道大学

北海道札幌市北區北 8 条西 5 丁目

1.JR 線「札幌站」北口徒步約 7 分
2. 地下鐵南北線「北 12 条站」徒步 4 分、「北 18 条站」徒步 7 分、「Sapporo 站」（さっぽろ）徒步 10 分
3. 地下鐵東豐線「北 13 条東站」徒步 15 分、「Sapporo 站」（さっぽろ）徒步 10 分

中島公園、豐平館、彌彥神社

中島公園也是交通相對方便的景點，離大通公園、薄野都不遠，園內有池畔、紅楓、銀杏、完好保存的「豐平館」與「八窗庵」、日式庭園……，大大滿足我這個貪心旅人的慾望，是私心推薦的秋季景點。（但在日劇《First Love 初戀》播出後，這裡似乎已成為劇迷們朝聖的景點了。）

比起北海道大學、定山溪等地，這裡的觀光人潮較少。公園面積廣大，並連接「札幌市天文台」、「札幌音樂廳」、「北海道立文學館」及「保夜日子神社」等，人群分散

後能以更愜意的方式欣賞園內風景。

從札幌站搭地下鐵到中島公園站，一出站就能看到一整排並列的銀杏樹迎接著大家。在秋陽下銀杏閃耀著金光，光是這如畫般的景色就足以讓我迷戀。再往前走一點，就是「菖蒲池」，水面上映著藍天白雲和樹林間的橙黃橘綠，實在美極了！那天，正好見到一群帶著相機與腳架的爺爺奶奶，圍繞在池畔邊喀擦喀擦地拍下眼前風景，我也趕緊拿著相機一起加入。拍照時耳邊不停傳來啾啾鳥鳴，要不是後方的高樓飯店映襯作為背景，根本讓人忘記自己還身處熱鬧都市。

公園裡藏有一座規模不大的「日本庭園」，裡頭有模仿日本各地特色的12座石燈籠，以及江戶初期茶道專家小堀遠州所作的茶室「八窓庵」。遠從滋賀縣搬移過來的茶室，配上紅葉更顯幾分日式風情。我默默羨慕起札幌市民即便沒時間能到京都、金澤等

1	
2	3

1. 美麗的菖蒲池。
2. 公園內正舉辦假日二手市集活動。大多都是將自家車子變成行動攤販，販賣二手衣物或雜貨。
3. 園內的豐平館，原本是建於大通公園 1 丁目附近，直到 1958 年才遷移至此。

地賞楓，至少還有這座小而美的日本庭園可以前往欣賞。

走著走著，便見到一幢典雅的西洋風格木造建築「豐平館」。它曾是明治、大正、昭和三代天皇的接待處，曾作為迎賓館和飯店使用，而後轉為結婚宴館、市民交流中心，是札幌開拓史時留下的重要建築，也是當地人的生活記憶。如果有時間入內參觀，可以近距離欣賞館內的設計細節，如：展現職人技術的階梯扶手、細緻優雅的吊燈裝飾、印上日本傳統圖案的貴氣窗簾等等，也能窺看明治天皇當時曾留宿的客房樣貌。若購買門票與飲品券的划算套票，繞一圈後便可到館內的「喫茶室ハルニレ」來杯咖啡，再加點一份散發奶油香的手工餅乾，度過悠閒午後時光。

恣意在公園逛了大半圈後，隱約看到不遠處疑似神社的背面，便好奇地走到正門瞧

瞧，原來是本社位在新潟的彌彥神社（保夜日子神社）。這裡也如中島公園一樣，染上了屬於秋季的色彩，鳥居周邊有著紅似火的楓葉點綴，水手舍旁枯黃葉片落了一地。

神社為當初從新潟搬至札幌進行開墾的信徒們所建設。供奉幫助新潟開拓的「天之香具山命」，也有來自太宰府天滿宮的學問之神——菅原道真公分靈，當地人稱之為「札幌的天神」，在開學考試期間都會看到許多學子們前來參拜。而我，卻是因捕捉秋景而來。

在那趟秋季旅行裡，我分別找了不同的時間到訪中島公園。一天是有秋陽暖照的假日，一天則是陰雨相伴的平日。雖然都是在同一個地方，卻因為時間點與天氣的不同，而見到了中島公園的不同風情。感受過秋高氣爽、也體驗了北國的秋風蕭瑟，下一次，會看到什麼模樣的中島公園呢？

中島公園

- 北海道札幌市中央區中島公園
- 1. 地下鐵南北線「中島公園站」1、3 號出口
  2. 地下鐵南北線「幌平橋站」1 號出口

彌彥神社

- 札幌市中央區中島公園 1-8
- 地下鐵南北線「幌平橋站」1 號出口徒步 3 分

豐平館

- 9:00 ～ 17:00（最後入館為 16:30 止）。每月第 2 個星期二（若遇到國定假日則為隔日）、年末年始（12 月 29 日～ 1 月 3 日）休館
- 札幌市中央區中島公園 1 番 20 號
- 1. 地下鐵南北線「中島公園站」3 號出口徒步 5 分
  2. 地下鐵南北線「幌平橋站」1 號出口徒步 10 分

圓山公園、森彥咖啡

圓山公園原本是明治時期開拓時所建立的樹木試驗場，後來在明治末到大正時期被改建成公園。或許很多人會來這裡，都是為了前往連結公園的北海道神宮或是札幌市圓山動物園，但每當爽颯的秋風吹起，公園內那片被指定為天然紀念物的圓山原始森林，彷彿成了一大塊秋色畫布，留住每位路過的人。

我當然也被公園裡那一大片茂密的橙黃樹林給迷住了。

那天，在圓山公園站下車後，先是到位

置有點隱密的「Jhad Pul」品嚐印度料理，接著再到如童話小屋的「Porte Rouge」買幾樣喜歡的甜點到公園享用。小心捧著手上的甜點，在公園裡找尋可以坐下來食用的位置。

坐在樹林下，品嚐著用巧克力做成圓滾滾大眼睛的萬聖節造型長泡芙，鼻腔裡吸入的盡是乾爽清新的空氣。橘黃的葉片隨風起舞、旋轉，緩緩落下，這麼詩意的畫面若只是匆匆走過，那實在是太可惜了！

圓山公園在春季時也是知名的賞櫻地點。聽說北海道人在春櫻盛開時，會在粉嫩櫻花樹下烤肉，而圓山公園也會特別開放可用火的限定期間。雖然目前未能有機會體驗北海道人的特別賞櫻方式，但能在氣候宜人的秋天裡，在圓山公園一帶的樹林間、巷弄中大飽口福和眼福，也夠讓我好好回憶的了。

圓山公園的魅力當然不止如此。據說這裡

Jhad Pul 印度咖哩料理，可同時吃到道地的南印度及北印度料理特色。

森彥咖啡於 1996 年在圓山公園一帶開設，以古民家改造的小咖啡廳起家，
至今發展為擁有十多家不同型態分店的品牌。

是札幌房價較高的住宅區，因此評價極高的法式料理、壽司料理都可能隱藏在這一帶的巷弄之中，而最吸引我的則是之中大大小小的咖啡店。例如知名的北海道咖啡店「森彥咖啡」，本店也位在圓山公園一帶。

它是一幢白紅色木屋，披上植物作成的外衣，低調卻又吸引人目光的古民宅。聽說森彥咖啡的老闆當初就是對這幢建築一見鍾情，連合約內容也不細問，立刻買下這座在北海道難見的老屋，打造成夢想咖啡店。點了杯季節限定的杏仁拿鐵「Snow white」，熱熱的杏仁牛奶打成綿密泡沫，杏仁混合著咖啡香，暖熱又溫順的口感，非常適合微涼的秋季。

當然，也不免俗地點了杯經典的「森の雫」。這裡的空間類似夾層屋，因此即便坐在二樓的座位，也能窺看手沖咖啡的過程。店員熟練又優雅地細細沖煮出令人期待的咖啡。一送上桌，就聞到隨著熱氣飄散的香氣，只要輕輕啜飲一口，就能瞬間明白大家願意排隊等候的原因。

景點資訊

円山公園

- 札幌市中央區宮之丘
- 地下鐵東西線「圓山公園站」3 號出口徒步 5 分

森彥咖啡

- 平日 9:00-20:00（L.O.19:00）
  週六日及國定假日 8:00-20:00（L.O.19:00）
- 北海道札幌市中央區南 2 条西 26 丁目 2-18
- 地下鐵東西線「圓山公園站」4 號出口徒步 4 分

販賣手工餅乾與甜點的 Porte Rouge，店外觀就如童話小屋般可愛。手工餅乾有不同造型，從森林小動物到季節限定都有，就連泡芙也放上兩顆圓滾滾的眼睛，呼應秋季萬聖節。

莫埃來沼公園

莫埃來沼公園（モエレ沼公園），這個我花了一段時還是無法好好記起來的繞口名字，取自愛努話的「モイレペッ」，意指平靜的水面、緩慢的流動。應該是因為腹地周圍的自然沼澤，所以才有了這樣優美（卻難記）的名字吧。

我猜想著，若是選在黃澄澄的季節前往，應該更能看見莫埃來沼公園的美。於是，從札幌市區搭上地鐵再轉搭公車，花了近一小時的車程，終於來到位於札幌東邊的「莫埃來沼公園」。

1
2

1. 從莫埃來山上望過去的風景，能以不同角度俯瞰公園面貌以及遠方的札幌市容。
2. 雖然陰天裡較不能欣賞透過玻璃打落下來的光影變化，但站在玻璃金字塔裡的不同角落，依舊覺得這座巨型玻璃金字塔很美。

1988年3月藝術家野口勇（Isamu Noguchi）受邀到札幌參訪，當他看到遍地堆滿垃圾的處理場後說：「藉由藝術讓被人類傷害的土地重生，這就是我的工作。」於是，在眾多的提案中野口勇最後挑選了莫埃來沼公園計畫，並抱著「把整座公園當作一件雕刻作品」開始著手設計。在野口勇拜訪莫埃來沼公園8個月後，他於自己的生日派對上向大家展示公園模型，但卻在那之後的不久，因感冒引起的急性肺炎而辭世。後續的公園建造計畫，也在野口勇財團的督導與支援下相繼完成，並於2005年對外開放。

若看過野口勇的照片，就不難發現他有著深邃的輪廓。日裔美籍的他在那個年代裡有著不易被社會認同的混血身份。美國籍母親莉歐妮·吉歐（LéonieGilmour）曾帶著年幼的野口勇，投奔日本尋找詩人父親野口米次郎，卻不被親父承認關係。第二次世界大戰時，他也曾因日本血統被拘禁在日裔美國人收容所中。

另一方面，野口勇童年曾長期居住日本，在美國受過西方教育，赴巴黎向現代主義雕塑大師布朗庫西學習，也曾至中國向齊白石學習水墨畫。野口勇一生顛沛流離與輾轉各國的經驗歷程，或許都反映在他散落於世界各地的作品之中了吧。

走在莫埃來沼公園裡，會發現這裡的面積比想像中來得大很多，似乎花一整天也走不完（最後我還真無法繞完整座公園）。即便真能繞完整座公園，也會知道這僅是他眾多作品中的一小部分而已。

園內有如滔天巨浪般展現十足魄力的海之噴泉、讓居住在札幌城市的孩子們也能在夏天戲水的莫埃來海灘、將雕刻藝術延展到土地自然景觀上的遊戲山、以及多種幾何形狀結合的玻璃金字塔……等等，偌大的公園

1/2

1. 玻璃金字塔運用了雪國特色導入自然能源「雪冷氣」系統，除了融入公園成了一部分的美景外，也成了舉辦演奏會、展覽會活動的最佳場所。
2. 即便那天不是秋高氣爽的天晴日，仍看到不少家庭出來遛狗、散步。能在如此寬廣的公園裡盡情奔跑，對於都市人來說是多麼可貴。

一整片都是藝術。公園也會隨著季節變化面貌，除了這個時期的秋日限定風景，春天時整片櫻花林會燦爛綻放、冬天則成了覆蓋皚皚白雪的滑雪場，一年四季都是市民們的遊樂場。

我一邊抵著迎面而來的強風，一邊氣喘呼呼地向上爬行，最後終於踏上園內最大的莫埃來山頂端，俯瞰札幌市容。不知為什麼，明明看到的不是什麼奇觀異景，天空也籠罩厚厚烏雲，而腳下踩的山也不過是花10幾分鐘就能登頂的人造山，卻覺得有如置身宇宙中，因眼前的壯闊而深感自己渺小。這難以言喻的奇妙飄然感，是我不曾在任何一座公園所感受過的。

野口勇生前一直致力打造夢想中的遊樂場，好幾次因現實政治或經費因素而中斷計畫，也迫使這樣的理想難以一一實現。莫埃來沼公園可說是他生前的最後一部作品（雖然到最後他本人無法親自完成），也終於能將他長年的夢想構築在公園內的遊戲山（プレイマウンテン）上。或許，一部分的他會認為這是工作，也是他的使命。但雙腳踩在曾是垃圾山的莫埃來山上，實實在在地感受到野口勇的確讓這塊受傷的土地重生，也給了孩子們一座能無拘束在自然與藝術間玩耍的大型遊樂場。

景點資訊

モエレ沼公園

- 7:00 至 22:00，最晚入園時間為21:00
- 北海道札幌市東區莫埃來沼公園1-1
- 從地下鐵東豐線「環狀通東站」轉搭巴士。
  1. 可搭乘「東 69」往「愛之里教育大站」（あいの里教育大駅）方向，於「莫埃來沼公園東口」下車
  2. 中央巴士「東 79」往「中沼小學」（中沼小学校通）方向，於「莫埃來沼公園東口」下車。（下雪期間西口不開放）

冬季北國：
疫情下的北國所見，
是日常還是非日常？

「我最討厭冬天開車了！有次在鄉間迷路，一下雪，路全都長得一樣、天也黑得好快，手中的方向盤還不聽我的話，要是這時有鹿衝出來，肯定完蛋！」看來這位娶了北海道妻子的先生，對於北國的冬天不能說是喜歡的。即使他出生在同樣經常下雪的韓國，但每當下起雪總讓他感到活動受限。

即便去過北海道的次數連自己也無法細數，但與北海道的冬季回憶，卻很清楚地記得僅有兩段。其中一次還僅僅是在飯店與交通工具間移動的短暫出差（然後就遇到這位怕在雪地裡開車的先生。）

怎麼說呢？冬天的北海道，一定很有魅力吧……但我總怕車打滑、人滑倒、班機電車因大雪受影響……。冬

日裡的北海道模樣，在我腦海裡都是由不同人說著、回憶著，模模糊糊地給拼湊出來的。

恰好在疫情期間的冬季，因故需要前往札幌一趟。終於，我也有機會去看看雪白色的北海道模樣！

圓山公園

比起挖掘新景點，這趟奔北行程幾乎都是去那些熟悉的地方，北海道大學、中島公園、圓山公園、北海道廳舊本廳舍……等等，或許有點了無新意，但對我而言，冬季裡這樣的舊地重遊仍是值得期待的。

札幌街頭的道路上幾乎都鋪著雪，也看到許多條路都撒上芝麻粒似的小黑點，原來是為了防滑而撒下的小石子。雙腳踩在雪地上有著奇妙觸感，有點難想像眼前這片白茫茫的大地，幾個月前還開得橙黃橘綠的呢。即使腳穿雪靴，但依舊無法像平時一樣快速走

路。也好，就讓我趁機放慢步調，好好觀察北國人的日常吧！

忽然，一位跑者從我眼前快速奔跑而過。「這麼容易滑倒的道路他竟然還能神態自若地奔跑?!」接著，看到老奶奶悠悠地在雪地上騎著腳踏車，連走路都還無法走得自然的我，每看一次就會對他們投向敬佩目光。

那天，是冬季裡的好天氣。陽光把雪地照得閃亮，即使樹林是一片光枯，小朋友愛玩的溜滑梯被拉起禁止進入的圍籬，但冬日暖陽下的公園裡仍有很多事可以做。有人慢跑、有老夫妻牽手散步、有小孩堆著小雪人玩耍，還有人就這麼坐在雪地上看著愛犬翻滾玩雪。覺得新鮮的我則是開始找尋圓山公園裡的大雪人。長相憨厚的雪人坐在涼亭的座椅上、在樹木板凳上、在雪地裡……，不知道是誰堆起這些可愛的雪人？為冰冷的大地遞來溫暖，也讓我在冷冽的寒風中不禁莞爾。

在北海道街頭四處都能看到擺放碎石包的箱子，可自由拿取，將碎石子撒在路面止滑。

MaShu
(マシュー)
神宮の杜

即便全副武裝地把所有禦寒衣物都穿戴身上，但在戶外走久了，身心還是會想以舒服的姿態，窩在室內來杯溫暖舒心的熱飲。

去過圓山公園與鄰近的北海道大神宮簡單參拜後，找到一家位在圓山公園附近的可愛咖啡廳「MaShu（マシュー）神宮の杜」，隱身在寧靜的住宅巷子內，販賣著各種口味的奶油三明治、茶飲咖啡與雜貨。

狹長型的空間裡，不論哪一個角落都非常舒適。最吸引人的就是店內大大的落地窗外，能夠欣賞公園內的四季美景。聽著店裡

播放舒服的音樂，靜靜地看著樹枝上堆積的殘雪，冷風拂過細雪即輕輕灑落，這樣在日常鮮少能看到的風景，宛如一幅流動的畫，讓我看得十分入迷。

過一陣子後，笑容可掬的店員端上美味的餐點。一看到餐點我不禁張大雙眼，可愛人型的陶杯裡盛裝著雪白霜淇淋，包著不同口味內餡的奶油三明治搭配樹枝、紅石榴果粒裝飾，像是一棵盛開的奶油三明治樹，這樣的擺盤實在太令人驚喜了！

店內使用的餐具器皿也別出心裁，原來這些人偶、動物造型的陶器，都是由北海道陶藝家吉川千香子女士所捏製。看到這些風格鮮明活潑的杯子器皿，讓我還沒享受到食物美味，嘴角就先勾起了微笑。輕輕挖一口霜淇淋送入口後，蔓延開來的濃郁香醇，又讓我忍不住再次驚呼：「怎麼會這麼好吃呢?!」雖然本是為了避寒而來，但身處溫暖

舒適的環境內，又抵不住霜淇淋的誘惑，我想大概只有北海道才能讓我如此矛盾吧！

奶油三明治則是有非常多口味可做選擇，宇治抹茶、黃豆黑豆、牛奶堅果、巧克力……等等，還有一些沒出現在菜單上的季節限定口味。原本以為會是像六花亭知名的奶油三明治，但實際吃到後發現和想像中有些差異；或許是因為少了萊姆酒漬葡萄的口感，反而更能純粹品嚐北海道奶油呈現的滑順柔和。不過吃多了難免會覺得膩口，是不是因為如此，奶油三明治份量才做得那麼小巧精緻？

除了點心之外，我還點了一壺有機草本花茶。這裡使用的花草都是來自北海道當地，像是紅菽草、檸檬百里香、金盞花、墨角蘭等，以熱水沖開後飄散淡淡芳香，暖暖喝下肚後，累積在身體內的寒氣似乎也消散了不少。

「我幫您回沖喔！」忙進忙出的店員，並沒有因為客人陸續前來而忽略已上完餐的我們。細心的她看到茶壺快見底時，主動走來詢問要不要再續加熱水沖泡。後來看到我拿起店內的小毛毯蓋腿，更立即拿起遙控器將暖氣打開，一邊用手試探風向，一邊開玩笑說：「吃完冰淇淋後更冷了吧！」

曾聽見幾位去過寒冷國家旅行的朋友說過，在寒冷地方生長的人似乎比較冷酷。但在北海道，卻不曾有過這樣的心得。當時，走在咖啡廳的路途中，我的毛帽落地而不自覺，附近的婦人發現後便急忙地小跑步過來告訴我，以及在咖啡廳裡店員的貼心舉動，都讓我有了在寒冷雪國裡更能感受到的溫暖。

景點資訊

MaShu（マシュー）神宮の杜

- 10:00～21:00（週一、每月第3個週二店休）
- 北海道札幌市中央區北1条西28丁目3-5
- 地下鐵「圓山公園站」徒步5分

大通公園

冬季的北國夜晚總來得很快，大約下午3點多天色就漸漸變暗，5點過後黑夜就籠罩著大地。即便天黑得快，但冬日夜裡走在札幌街頭也別有一番樂趣。不知道要去哪，就先以大通公園為目的地吧！

大通公園雖名為公園，實際上卻是條約1.5公里長的道路。1871年政府將中央區大通西1丁目到大通西12丁目的道路作為劃分，以北規劃為政府機關、以南為住宅商業街，而大通公園則是作為市中心的大型防火線而設計。1875年後開始陸續增加用途，

整頓成美麗的花園，並在一年四季舉行不同活動，也成了知名雪祭的活動會場之一。即使錯過了各大活動，也能單純在公園裡賞花漫步，一路步行到札幌電視塔、札幌市計時台，或是尋找圍繞在公園周邊的人氣餐廳咖啡廳。當然，大通公園可不會讓冬季就這樣寂靜地過去。從11月底便開始舉辦札幌白色燈飾節、慕尼黑聖誕市集 in Sapporo，以及從1950年開始每年2月登場的札幌雪祭。

不過，疫情讓這個冬季的札幌有點不同。少了人來人往的慕尼黑聖誕市集，也沒有擠滿觀光客的札幌雪祭。幸好，大通公園還有「札幌白色燈飾節」。

1981年開始舉辦的札幌白色燈飾節，僅以1048顆燈泡裝飾，但卻是日本國內第一場舉辦的燈飾活動。隔年開始逐年擴大規模，從大通公園延伸至札幌站南口站前廣場、以北海道廳舊本廳舍為背景的北3条廣

場等，使用的燈泡數也大大倍增，在城市的大小角落發出絢爛色彩。

在漫長黑夜中，更能緩慢地步行在大通公園間欣賞各個燈飾藝術。用繽紛燈飾搭成的夢幻光廊如鑽石般耀眼，在黑幕襯托下更是如夢似幻；象徵札幌之木「紫丁香花」的大型立體燈彩藝術，隨著聲光變化色彩，表現出四季更迭。再往1丁目的方向走，就能見到鑲上紅色心型的大型聖誕樹，後方的札幌電視台也跟著映入眼簾。如此浪漫的景象，也難怪經過的情侶們都會在冷風裡依偎著停留拍照。

疫情下的2021年，札幌白色燈飾節特別延長活動期間，它舉行的意義已不像往年只為給大家帶來冬夜裡的娛樂。那一顆顆點亮的燈光，點起了希望，溫暖地鼓勵了等待漫長冬夜結束的我們。

景點資訊

大通公園

- 札幌市中央區大通西1～12丁目
- 搭乘地下鐵東西線、南北線、東豐線至「大通站」

札幌白色燈飾節札幌白色燈飾節
さっぽろホワイトイルミネーション

- 11月下旬～12月下旬
  ※ 依當年度公告為準

除了主要的大通公園會場，周邊路樹也以燈飾點綴，似乎走到哪都能成為日劇場景。

小樽：堺町通商店街、LeTAO 小樽洋菓子舗ルタオ本店、中華食堂桂苑、小樽運河

靠海的小樽，是座浪漫的港口都市。北方面向日本海，周邊群山環繞，由於發展時間較早，因此在這裡除了能欣賞依四季變化的海港風景，還有多座保留完好的傳統歷史建築。

從札幌出發，搭乘機場號列車只需40分左右，就能抵達這座迷人的港口。我喜歡在小樽運河發呆，天氣好的時候就到河道兩旁，欣賞畫家用畫筆描繪出的風景，聆聽街頭藝人坐在運河旁輕輕哼唱。當然，最喜歡的還有堺町通商店街上的六花亭、LeTAO、北菓

1

2 | 2

1. 疫情後突然爆紅的アマビエ，象徵驅除瘟疫。
2. 拿出大大的鏟子鏟雪、將雪塊打碎，是冬日裡的北國日常。

樓、北一哨子三號館……螞蟻人只需擔心胃容量不夠，不用煩惱找不到滿意的甜點。

不過，冬季裡的小樽是怎麼樣的呢？

一踏出小樽車站，冷風立即呼呼吹來。「好冷啊！」我趕緊把圍巾圍好，拿出包包裡的手套，準備來趟冬日裡的小樽一日遊。

上午的小樽街道，人煙稀少。剛上班的店員拿出大大雪鏟，賣力地把大雪塊打碎再疊成一座山，好為路過的行人留出一條好走的路。郵差先生依然勤奮地騎車送信，輪胎綁上雪鍊發出咔嗒咔嗒的聲響，在雪地上刻畫出長長線條。以往能沿著鐵路散步拍照的「舊手宮線遺址」，因白雪覆蓋而不見鐵道蹤影。

終於，走到了我思念的「堺町通商店街」。以往到了這裡，總能聽見耳邊充斥著多種語言，但疫情期間卻只有遊客零星。小樽玻璃工藝品店、北海道昆布伴手禮等店家都緊閉大門。

「咦，那是アマビエ（Amabie）嗎？」某個店家門窗前堆著人魚造型的大雪人。在疫情後迅速竄紅的就屬這隻人魚妖怪了，傳說中他曾出現在現為熊本的肥後國，被認為能保佑豐收、驅除瘟疫。插畫漫畫家、網友們因而開始嘗試畫アマビエ祈求疫情趕快結束，接著也有許多相關產品紛紛出現，讓アマビエ瞬間知名度大漲。雖然整條商店街不如以往熱鬧，卻有幾座像アマビエ這樣的大型雪人駐守在暫停營業的店家前，陪伴大家度過這個平靜的冬日。

欣慰的是，「LeTAO」仍開著大門。小樽洋菓子舖 LeTAO 是小樽當地起家的甜點店，雖然在日本國內機場甚至台灣都有機會吃到招牌雙層乳酪蛋糕，但 LeTAO 在小樽開設有不同型態的分店，各自推出獨家甜點，如：牛奶乳酪霜淇淋、乳酪丹麥酥、巧克力

1 | 2
3

1. LeTAO 本店是座塔型建築物，爬到最高樓的環狀展望台可眺望周邊風景。
2. LeTAO 本店販售的蛋糕套餐，還可搭配店內限定的風味紅茶。
3. 從 LeTAO 本店頂樓展望台望出去的冬日小樽，宛如一座童話小鎮。

踏切
制限高4.5M
高電圧電線注意

可麗餅、泡芙、蛋糕捲……等，這些都是小樽本地之外無法吃到的品項，讓我這個愛吃甜點的人總陷入一番苦戰，也喜歡像巡禮般逐一拜訪。

LeTAO本店是座塔型建築物，一樓是伴手禮販賣區、二樓則是咖啡廳，最高樓還有環狀展望台，能將港邊風景、蒸汽鐘及周邊的洋風建築全都一併收入眼簾。用不同的視角凝視走過的街道，彷彿整個世界全因白雪而變得新奇又陌生。

以往來到小樽，大多是以甜點填胃，又或是大快朵頤魚市場的海鮮丼、大大的炸雞或是鋪滿起司的焗烤料理。直到某次看了電視節目才知道，原來當地有道深受本地人喜愛的「あんかけ焼きそば」（小樽炒麵），是將麵條淋上勾芡醬汁的麵料理。

雖然在日本其他地方都有機會吃到這樣類似炒麵的中華料理，但小樽炒麵加入了大

以往總是擠滿遊客的小樽運河，
在這個冬天裡顯得特別寧靜。

Suisan No3
海鮮食堂
鶴吉

只今の温度
°C

鏡をごらん
before
after
機械警備実施中

量海鮮、蔬菜食材製作成的熱騰騰醬汁，加上根據各店家使用的麵條、調味方式等烹煮手法不同，讓這道在小樽發展約70年的庶民美食，至今仍受到當地人歡迎，也成了來到小樽值得嘗試的另一項特色料理。

位於小樽都通商店街內的「桂苑」約有近60年歷史，是當地販賣小樽炒麵知名的店家之一，其他還有煎餃、炒飯、拉麵等一般日本中華料理店裡常見的菜色。

炒麵一上桌，還飄散著裊裊白煙，香味也一併傳入鼻尖。放入蝦仁、豆芽、黑木耳、豬肉片、花枝等豐富食材製作的醬汁，把底下的麵蓋得幾乎看不見。麵條先蒸過再煎至微焦，外層焦脆裡頭還保有蒸煮後的彈性，再配著熱呼呼的勾芡醬汁，也可加入紅薑絲、醋汁、黃芥末混合攪拌，品嚐不同層次的風味變化。

除了桂苑之外，小樽當地有許多販賣炒麵的店家，甚至在喫茶店、居酒屋、飯店、錢湯等地都有機會吃到小樽炒麵。當地市民還發揮對炒麵的愛，組成了「小樽あんかけ焼きそば親衛隊」民間團體，透過網路圖文影音、製作觀光地圖、參與大小活動，或與大品牌YAMAZAKI合作推出小樽炒麵風味的麵包等，大力宣傳當地料理的魅力。

看到小樽當地市民這樣的愛，是不是更讓人好奇究竟是什麼樣的味道能讓他們如此喜歡呢？有機會你也可以來品嚐看看。

最後來到小樽運河。以往總要避開人群尋找適當時機按下快門的，此刻卻安靜得不可思議。沒有人力車在對邊街道奔跑、沒有小船在河道悠悠漂流，橋墩下的散步道堆疊了不知要花多久才能化掉的厚重雪塊。

望著運河發呆一會兒，發現一旁觀光案內所的阿姨正用道具將雪做成一顆顆圓滾的雪球堆疊在座椅上。見到我的好奇目光後，手宮線鐵路是北海道第一條鐵路的一部分，已於 1985 年廢止。經過整頓後，可以沿著鐵路散步拍照參觀，但冬日裡卻因白雪覆蓋而不見鐵道蹤影。

她解釋道：「雖然今年的祭典因為疫情取消了，但還是想做幾個小雪人。」

往年的冬季，市民們會親自手作蠟燭，用雪燈點亮市街，並將燭光浮球置於運河水面隨著細水漂流，營造如星河般的浪漫。不過，連續舉行20幾年的祭典卻因為疫情而喊停。

鉛灰色的天空下，阿姨堆著雪人的背影看似有點寂寞。但即便如此，生活在這裡的人似乎沒有被疫情打敗，他們用正向的態度撐過這個比以往久的冬日，也間接感動了我這個過客。

願下一個冬日，小樽會再度點上暖暖的光，照亮冷冬裡綻放微笑的人。

景點資訊

堺町通り商店街

- 北海道小樽市堺町 6-11（此為商店街觀光案內所住址）
- JR「南小樽站」徒步 8 分；JR「小樽站」徒步 11 分

中華食堂 桂苑

- 11:00 ～ 20:00 (週四定休)
- 北海道小樽市稲穂 2-16-14
- JR「小樽站」徒步 3 分

LeTAO 小樽洋菓子舖ルタオ本店

- 9:00 ～ 18:00 (無定休日)
- 北海道小樽市堺町 7 番 16 號
- JR「南小樽站」徒步 5 分，往小樽音樂堂方向步行

小樽運河

- 小樽市港町 5 小樽運河
- JR「小樽站」徒步 10 分

Chapter 3

追櫻休日

靜岡：
搶先揭開
春日序幕的河津櫻

決定要離開久居的日本後，對於周遭環境與事情的看法也悄悄改變。「這個暫時吃不到了，要多吃點。」、「即使訂張機票還是能來，但應該沒那麼容易了吧？」……諸如此類的想法，每天每天都在心裡打轉。

「天氣那麼好，不如我們就開車去看看河津櫻吧？」預估了一下從家裡出發到河津櫻的車程約莫4小時，這樣不遠不近的距離，以前的我總想著以後再去而打消念頭。但這一次，連考慮也不考慮，立即拿著相機準備出門。

河津町

車行駛到河津七瀧環狀橋（七瀧高架橋）時，原本坐在副駕座半打瞌睡的我，一看到像汽車玩具軌道的大雙圓環狀橋，睡意立刻消散。由於過去遭地震破壞而導致土石崩塌且道路中斷，為了方便車輛通行並解決地形高低差，利用震後留下的地形特徵，設計出這樣特殊的環狀橋。在橋上依照同個方向前進繞圈，像是在乘坐遊樂設施般，還能瞰見一旁栽種的粉色河津櫻，是個相當新奇的體驗。

終於來到河津櫻祭典的會場了！當地人

1. 河津櫻原木仍充滿生命力。
2. 意外發現的無人販賣攤位，多汁香甜橘子一袋只要 100 日圓。
3. 稍稍離開人群，無意間遇見這棵開得燦爛的櫻花樹。

沿著河津川種下約800棵河津櫻，不用等到4月櫻花季，在2、3月就能提早盼到櫻花季到來。由下往上生長的河津櫻，遇到氣溫較低時就會暫停生長，也許是因為這樣才能稍微延長它的花期，讓我們有河津櫻花期較長的錯覺。（每年開花季節不同，約在2月上旬至3月下旬）

川邊的河津櫻美麗綻放，散步道旁及樹下還開著金黃小巧的油菜花，粉嫩柔黃的色彩看上去真的美極了！也難怪每到開花季節，總有一大批等不及春天到來的賞花客前來。花季時不論平假日總擠滿了賞櫻人潮，如果要拍照需要抓準時間按下快門，帶小孩或長輩前來也要隨時互相注意安全。其實，櫻花散步道並不短，怎麼走都是看不膩的景色，尤其當微風吹起落下的櫻花雪，更使人駐足捨不得前進。

路上除了能賞花拍照，還有許多小攤販參與，也別有幾番趣味。攤販賣著農家自己種的農產品，像是不同品種的橘子、油菜花、草莓等當季蔬果，還有章魚燒、大阪燒、烤雞肉串、櫻花口味鯛魚燒等小吃美食，走累了，也能在櫻花樹下品嚐休息，體驗另一種賞櫻樂趣。

走到一半，突然靈機一動想離開主要道路，從岔路去尋找河津櫻原木，卻意外地在途中的住家農地發現一個無人小攤販。攤上除了簡單擺著幾袋無農藥橘子之外，還有小小的手作木頭吊飾。我找出身上的銅板哐啷投入木筒之中，在櫻花樹下掰開橘子皮，品嚐著多汁芬芳的橘子，豎耳聆聽鳥鳴，靜靜地享受這片無人干擾的美好。

接著，再依照地圖指示來到河津櫻原木。

在昭和30年時，當地有位名叫飯田勝美的居民，冬天時在河津川沿岸的一片荒草中發現約一尺高的櫻木幼株，於是就將幼株埋在自家庭院細心培育。大約在10年後的1月下旬，終於開成美麗的櫻花。現在飯田家前的櫻花原木仍然健在，雖然前往當時已是粉櫻夾雜綠葉的模樣，但它粗壯的樹幹、枝繁葉茂且充滿生命力，讓我看得十分入迷。

除了河津川櫻花散步道種植的800棵河津櫻之外，在今井濱溫泉、峰溫泉會場附近、河津七瀧等地也有河津櫻可欣賞。櫻花祭典時，河津川河口附近的主會場也會進行夜晚點燈活動。

「河津櫻真的好美啊！」帶著相機走了大半天，腳和肩頸都開始在抗議，但仍捨不得離去。於是在散步道的末端找了張長椅坐下，望著照映在夕陽餘暉下展現溫柔風情的河津櫻。

在河津町裡的河津櫻總計約有8,000株，但人口卻僅有6,800名。河津櫻固然美麗，但如果沒有鎮上人民的同心協力，應該無法讓各地的人們願意翻山越嶺而來吧？光是這樣想，就覺得好了不起啊！對於眼前的風景也更覺珍惜。

景點資訊

河津桜まつり

2月初至2月底

1. 從「東京站」乘坐特急電車「踴子號」可直達至「河津站」，車程約2小時40分
2. 搭乘新幹線或在來線，可在「熱海站」轉車搭乘JR伊東線到「河津站」，車程約1小時30分

※每年依據花季推測，祭典活動期間不同，出發前請查詢官網公告。

京都：再一次尋找賞櫻的感動

某個櫻花綻放的春季，在京都旅居的親友來關東玩，他們說想到著名的中目黑川看看，朵朵花瓣飛落在水面上，染了一池如夢似幻的粉。「東京的櫻花看上去和京都好不一樣啊！是因為品種的關係，還是整個城市的氛圍呢？不過各自都有不同的美。」聽了身旁的親友這樣感嘆，那一刻，我才開始思考：一直以為徜徉在盛開的櫻花樹下就已夠令人滿足，但若有機會看看春季的京都，是否也能在櫻花樹下找到不同的感動？

於是，到京都賞櫻的心願在我內心萌芽。而後，終於在之後春暖花開的日子裡有機會成行。當時，我以京都為第一站，一切行程都很隨性，哪有櫻花開我就往哪裡去，因為這趟旅程我就是為了追櫻而來。

哲學之道

搭上公車，一路搖晃，下車後看見刻著「哲學之道」大字的木板，輕輕地在心中說聲：「嗨！我又來了。」這條名字特別的散步道，位在京都左京區，距離京都車站約40分鐘車程。

據說，京都大學教授同時也是哲學家的西田幾多郎先生，每個早晨都會在這裡散步、思考，因而有了哲學之道這個名稱。另一種說法是：哲學之道因為靠近京都大學，從以前就有許多學者文人住在附近，因此在文獻資料上發現這裡曾被稱作文人之道、散策之

道、思索之道、哲學小徑、哲學者道等，直到後來才將名字定為哲學之道。

沿著哲學之道盛開的櫻花木，形成一條約2公里的粉色散步道。雖然並不算太長，但周邊有咖啡雜貨、伴手禮小店、寺廟神社，也可以順道參訪銀閣寺、蹴上鐵道、南禪寺，以及前往春秋季節特別開放的法然寺欣賞山茶花。不論是單純順著散步道緩緩前進，又或者拐入分支岔路，尋找隱藏之中的驚喜，都成為哲學之道的魅力。

因為知道是賞櫻賞楓名勝，我刻意提早出發前往。實際抵達時，發現這裡不如想像中擁擠，在場的每個人，都能挑選喜歡的角落欣賞屬於這個季節的美。

在大正至昭和時代活躍的日本畫家橋本關雪與其夫人，捐贈了300棵染井吉野櫻並種在銀閣寺交叉口至洗心橋一帶，也因此哲學之道的櫻花有個美麗的名字——「關雪

櫻」。目前哲學之道約有400棵櫻花樹，其中以染井吉野櫻為中心，其它還有大島櫻、八重櫻和枝垂櫻。

哲學之道上不只櫻花，還能看見日本紅楓、珍珠繡線菊（雪柳）、白杏花木、山茶花、彼岸花、繡球花等多種植物，呈現四季截然不同的景色。那天看到櫻花樹下同時盛開的珍珠繡線菊，相較於櫻花與油菜花的組合，這樣的畫面似乎比較少見。

走在散步道上，一對穿著時髦的母女拿著專業單眼相機，互相捕捉彼此在花海裡的倩影；留著鬍子的個性爺爺坐在大棵櫻花樹下邊創作、邊販賣自己的作品；帶著酷黑墨鏡的跑者在櫻花樹下販賣機前拿著運動飲料，邊喝邊調整呼吸頻率；穿著同款上衣的年輕情侶，在櫻花林中任憑粉紅泡泡與花瓣一同飄揚……。我則是完全醉心於櫻花的美，也許平常一下就能走完單程的散步道，竟花了幾乎一整個上午才走完，而且收在口袋名單的咖啡廳一家都沒去。

回頭想想，這條哲學之道讓我情有獨鍾的……是那片極為療癒的櫻花林，有點刺眼又溫暖的陽光，還有穿插其中的住宅、咖啡店嗎？整條路走起來不過於吵雜也不過分安靜，又帶著親切的生活感，或許就是因為這樣而讓我如此喜歡吧。

景點資訊

哲学の道

京都市左京區淨土寺石橋町

1 搭乘市巴士100號、32號公車，於「銀閣寺前站」下車

2. 搭乘市巴士17號、5號公車，於「銀閣寺道」下車

3. 搭乘地下鐵烏丸線至「丸太町站」，轉乘市巴士204號公車於「銀閣寺道」下車

4. 搭乘地下鐵烏丸線至「今出川町站」，轉乘市巴士203、102號公車於「銀閣寺道」下車

平安神宮

跳上公車立即拿起相機回味剛剛拍下的照片，沒一會兒，下個目的地「平安神宮站」就到了。

幕末戰亂後，京都市街荒廢不堪、人心惶惶，加上明治維新後首都遷至東京，讓京都遭逢了歷史性的衰退危機。在這種狀況下，京都展開了一連串復興計劃，從教育、文化、產業、生活等方面著手，並以 1895 年正為平安遷都 1100 週年為契機，建立平安神宮。選了當初規劃建設平安京的桓武天皇為祭神，以平安京時代皇城建築為參考，試

圖重現當年的輝煌。並於1940年，追加供奉平安朝最後的天皇孝明天皇，再次進行增設改建。

1976年，平安神宮曾遭惡意縱火，所幸在市民們捐款募資下已修復完工。從一開始，平安神宮就是由市民自發興建，又歷經災害後的募資重建，這些不知是不是上天對京都人的愛鄉大考驗？雖然在這座古都之中，平安神宮的歷史並不算久，但想到眼前典雅高貴的建築背後有著一大群愛國愛家的人民支撐，敬佩之餘也產生了淡淡的欣羨，也難怪遊客們都會想來這裡看看啊。

另一個重點，還有圍繞著平安神宮社殿的日本庭園「神苑」。總面積達33,000平方公尺，並分成東神苑、中神苑、西神苑、南神苑四部分，是由明治時期著名的造園家小川治兵衛打造的池泉回遊式庭園。

神苑種有300棵不同種類的櫻花，其中約半數為「八重紅枝垂櫻」。花瓣小巧、色澤濃豔的八重紅枝垂櫻將朱紅色社殿圍成一圈，淡雅豔麗，是春季平安神宮最具代表的風景。不過，由於枝垂櫻的花季較晚一些（多為4月初～4月中旬），因此3月底的這個時候並非盛開期，我就沒有另外購票到神苑參觀。

雖說如此，藉由散落在境內的小巧櫻花樹和春季限定的櫻花籤詩，多少還是能提前感受春天氣息。有趣的櫻花籤，並沒有區分大吉或大凶，而是用櫻花的盛開狀況來比擬。大家將粉色詩籤綁在樹枝上，祈求心願都能開花結果，也成了一棵棵滿載心願的櫻花詩籤樹。

景點資訊

平安神宮

- 6:00～17:00（神苑開放參觀時間依季節有所變更）
- 境內免費參拜 / 神苑大人 600 日圓、孩童 300 日圓
- 京都市左京區岡崎西天王町 97
- 1. 搭巴士至「岡崎公園美術館・平安神宮前站」徒步 5 分
  2. 搭地下鐵東西線至「東山站」1 號出口徒步 10 分
  3. 搭京阪鴨東線至「三条站」、「神宮丸太町站」徒步 15 分

平安神宮的櫻花籤，是以櫻花的盛開狀況來比擬運勢。

蹴上
傾斜鐵道

平安神宮周圍有京都國立近代美術館、岡崎公園、京都會館……等景點，因此即使走出神宮之外，仍有不少人在附近散步。看著淡綠色的京都巴士與遊客們在紅色大鳥居下穿梭，我選擇不上公車，而是繼續往京都市動物園的方向走。

這一路都有綻開的櫻花相伴，樹下則是條美麗河道，偶爾還能看見小船輕輕劃過水面。

就這樣順著步道經過京都市動物園、南禪寺船溜、琵琶湖疏水紀念館……，竟然

在熙来攘往的櫻花景點裡，找到適當的角度拍攝婚紗對於攝影團隊來說應是一大考驗。

春季限定的「岡崎十石舟」，從琵琶湖疏水紀念館旁的南禪寺船溜出發，
往返夷川水庫。

就走到了另一個口袋景點——「蹴上傾斜鐵道」。

將琵琶湖的水源引到京都，從很久以前就一直是京都人的願望。直到京都府第三任知事北垣國道上任，推動復興京都計畫，考慮實現琵琶湖引水，才請來土木工程師田邊朔郎、測量師崎田道生等人投入開發行列。蹴上傾斜鐵道於1890年完工，1891年開始運行。

由於疏水上游的「蹴上船塢」和下游「南禪寺船塢」之間有著36公尺的高低差，因此蹴上傾斜鐵道並非作為抵達南禪寺船溜後的轉乘站，而是直接將整台船直接運上台車，用升降運輸來解決高低差問題。也因為它的完工，使滋賀、京都、大阪之間來往更頻繁，不論是旅客或物資都創下了高運量。但隨著京津電車、京阪電車、東山通道等設施開通，原本透過疏水運舟的任務也跟著結束。

至今，功成身退的蹴上傾斜鐵道在京都絕對是珍貴的寶物，且因為鐵道兩旁種下的滿滿櫻花樹，加上鄰近平安神宮、京都市動物園等景點，每年春季都吸引了不少人前來賞櫻。

全長582公尺的蹴上傾斜鐵道，兩旁櫻花樹恣意地蔓延開來，由染井吉野櫻、日本山櫻搭起一座長長的粉色隧道。而且，這般美景似乎也把全京都的人都給吸引過來了，不論走到哪裡都是人滿為患。之中有許多前來拍攝婚紗的新人，團隊助理專業地忙著幫新人整理妝髮，攝影師則趴在鐵道上抓緊適當

時間點按下快門；年輕情侶們穿上和服，拍下如櫻花般燦爛的幸福笑容；大學生們走在鐵道上搖搖晃晃打打鬧鬧、一路拿著手機錄下動態影像，記錄青春。

混雜在人群之中的我，小小感嘆頭頂上的櫻花雖美，但人多到超乎預期，實在很難好好靜下來欣賞這條櫻花隧道。

下次若想好好站在櫻花海下發呆拍照，或許需要當隻早鳥，選擇在清晨時間前來吧？或是搭上春季限定的「岡崎十石舟」，從琵琶湖疏水紀念館旁的南禪寺船溜出發，往返夷川水庫。乘著小船，滑過水面，用另一個角度細細賞櫻，遙想過往那個水路運輸繁盛的年代。

景點資訊

蹴上インクライン

京都市左京區粟田口山下町～南禪寺草川町

1. 搭巴士至「岡崎法勝寺町」徒步 5 分鐘
2. 乘地下鐵至「蹴上站」徒步 3 分鐘

走至蹴上傾斜鐵道末端，即為琵琶疏水道的第三隧道。

天龍寺

位於京都市西邊的嵯峨嵐山，春櫻、夏綠、秋楓、冬雪，四季更迭下充滿詩意美景，讓它成為古時平安貴族的度假地，如今則是遊客最愛的觀光地。

帶著前日賞花後的幸福感，坐上JR嵯峨野線，到嵐山延續這份追櫻的快樂。

第一站就看看世界文化遺產「天龍寺」吧！1339年足利尊氏為了替後醍醐天皇祈願冥福，邀請國師夢窗疏石為開山住持建造天龍寺。裡頭有夢窗疏石費心打造的寺內庭園「曹源池」，此處被指定為日本國家史跡

特別名勝，並在1994年列入世界文化遺產。

見到大本山天龍寺門口寫著「庭園內枝垂れ桜 滿開見頃」的看板，雀躍之情油然而生。在「庫裏」購票後，至大方丈內欣賞木造釋迦如來坐像。雖然天龍寺曾飽受多次大火攻擊，但佛像卻奇蹟似地安然無事，也因此成為天龍寺供奉佛像中最有歷史的景色。依著路線指示一一參觀書院、多寶殿，雙腳實實地踩在木頭迴廊上，周遭靜謐莊嚴的氛圍令人感到十分平靜。走著走著，曹源池庭園就在眼前了。

曹源池為池泉回遊式庭園，以池為中心，將遠處的嵐山、龜山為借景，隨著所站的不同視角皆能欣賞到不同的風景變化。（但坦白說，我欣賞著庭園的同時，仍想著在入口處看到的「枝垂櫻滿開」看板，真是失敬。）

走近庭園另一角便感到四周小小的騷動，心有預感枝垂櫻就在這了！往內走就會發

現，在多寶殿旁的幾棵枝垂櫻正開得燦爛。這是我第一次能以如此近的距離欣賞枝垂櫻，它在藍天下隨風擺動的姿態真的美極了。

選了個不起眼的角落，靜靜地等待前方人潮散去。仰頭欣賞眼前不知有幾年歷史的枝垂櫻，向地面垂掛的細枝串起朵朵櫻花，有粉、有白，每當一陣微風吹來，絲線般的花串在陽光裡輕擺舞動。它們串成了一片動人的風景，也串起了春日裡才能感受到的溫柔。

天龍寺內種下了約200棵的櫻花，除了枝垂櫻之外，走在百花苑及境內其他地方也能與櫻花不期而遇。還有同樣在春季綻開的杜鵑花、粉紅星花木蘭、貼梗海棠、乙女山茶花等，能確確實實地體驗春季裡的賞花樂趣。

景點資訊

天龍寺

- 8:30～17:00
- 庭園（曹源池、百花苑）高中生以上500日圓、國中小300日圓／大方丈室、書院、多寶殿諸堂參拜各另加300日圓
- 京都府京都市右京區嵯峨天龍寺芒之馬場町68
- 1. 京福電鐵「嵐山站」徒步2分
  2. JR嵯峨野線「嵯峨嵐山站」徒步13分
  3. 阪急電車「嵐山站」徒步15分
  4. 搭乘巴士11、28、93路於「嵐山天龍寺前」下車
  5. 搭乘巴士61、72、83路於「京福嵐山站前」下車

嵐山

真心覺得京都好多名勝景點的取名都取得好好，總在聽聞後不著痕跡地輕刻在腦海，使我內心產生些許嚮往。就如哲學之道，就如祇園花見小路，就如嵐山裡知名的渡月橋。

據說，最早時渡月橋並非叫作渡月橋，而是取名為法輪寺橋。直到鎌倉中期時代的龜山天皇站在橋上，遙望無雲上空中高掛明月時詠嘆：「好似滿月過橋一般」（くまなき月の渡るに似る），之後才改了這充滿詩意的名字。

緩慢走過長約 155 公尺的渡月橋，來到川邊。風和日麗的中午時分，雖沒有滿月，卻有溫柔綻放的櫻花。情侶們隨意地在川邊座椅上聊天談情；奔馳過棵棵櫻花樹的少年或許正為著下一屆的春日馬拉松做準備；穿著和服的少女在花海下津津有味地吃著糰子串……。

感受到渡月橋邊悠閒的氛圍，腦海中突然浮現：「花より団子！」（比起賞花，不如吃糰子）。這才想到，一路只顧著賞櫻，都忘了顧肚子了。隨意走進川邊一家外觀簡約舒服的小店 CHAVATY，好奇地跟著人群排隊。

CHAVATY 來自東京表參道，以茶為延伸，販賣茶飲與茶點心。雖然想坐在可以眺望渡月橋邊櫻花的寶座，但這份當國王的運氣可不是人人都有。幸好，附近可歇息的座位不少，於是便手拿著剛買好的司康與茶甜點，稍微避開人群找個安靜的角落品嚐。

1 | 2

1. CHAVATY 的「and tea latte」。將外帶杯分成兩半，一半裝入茶飲，另一半擠入茶霜淇淋，滿足我什麼都想吃一點的心。
2. 還帶著點涼意的春天裡，用杯溫熱的焙茶拿鐵在櫻花樹下靜看嵐山風景。

或許是考量到外帶的客人眾多，CHAVATY設計了名為「and tea latte」的綜合甜點。將外帶杯分成兩半，一半裝入茶飲，另一半擠入茶霜淇淋，口味選擇有紅茶、焙茶、抹茶。邊喝邊吃，邊吃邊賞櫻，每一口都是茶香縈繞，每一分秒都有櫻花相伴，心和胃都徹底感到滿足。

後來才知道，當時天皇所站的渡月橋並不全是現今我們所見的渡月橋。於1934年建造的渡月橋，因安全性考量，後來加了鋼筋水泥土、鋼材等材料加強橋樑結構。另一方面，為了讓橋樑能配合周邊景色，外型上也下了一番功夫，例如建造木製圍欄，或將剛硬的材料都用以木材包覆。

原來，這座人人到嵐山都要來走走的渡月橋，看似溫柔和諧，事實上卻擁有鋼鐵的堅韌實力。讓公車汽車能自由通行，承載著大批來去的人們，築起古時當代的段段回憶。

景點資訊

渡月橋

- 京都市右京區嵯峨中之島町
- 1. 京福電車（嵐電）「嵐山站」徒步2分
  2. 阪急「嵐山站」徒步8分
  3.JR嵯峨「嵐山站」下車徒步11分

CHAVATY

- 10:00～19:00(無公休日)
- 京都府京都市右京區嵯峨中之島町官有地朝乃家内
- 阪急電車「嵐山站」徒步5分

從天龍寺北門走出後沒多久，就能看見嵐山另一知名景點「竹林小徑」。

奈良：
大佛、小鹿，
還有櫻花

人還沒完全踏出奈良車站，就看到奈良吉祥物「遷都君」看板和寺廟海報，興奮的我立刻跑到看板旁拍照，大聲地喊：「小鹿們，我來啦！」

說到奈良，不外乎聯想到的就是大佛和小鹿。做為古代日本的首都，奈良留下了許多重要文化遺產，曾經繁榮的證據也變成現今一大觀光特色。一直都想前往奈良看看的我，利用這次機會到京阪神，開啟了短短的賞櫻、看鹿、奈良小旅行。

冰室神社

「這裡的櫻花也開得好美啊！」前往東大寺的路上，因為看到「冰室神社」紅色鳥居後方開得燦爛的櫻花而駐足。

從冰室神社的名字大概可以推敲出這是與冰有關的神社。相傳距今已有1600多年歷史的冰室神社，信奉的是在日本也很罕見的冰之神（鬪雞稲置大山主命與額田大仲彥命）。據說古時冬季裡，人們會利用冰室存放冰塊，並在每個夏季將冰塊貢獻給宮廷貴族。

根據《日本書記》的記載，應神天皇的皇子額田大仲彥命，偶然間發現了冰室，於是

請來當地的鬪雞稻置大山主命問話，他回答說：「這叫做冰室，人們掘土後鋪草，放入冰塊，再鋪蓋茅草，讓冰塊到了夏季也不會融化。酷暑時浸酒飲用，十分消暑。」皇子一聽立即帶回冰塊貢獻給天皇。之後，允恭天皇時期，便建立了這座供奉冰神的冰室神社。

想像一下，古時沒有冰箱的時代，確實很難保存食物，加上取得天然冰塊也得靠老天賞臉，因此，供奉冰神的目的是否是為了能祈求大自然，讓每個夏天都能吃到沁涼消暑的冰呢？即便現今的科技讓我們沒有這個困擾，但冰室神社的存在與保留下來的傳統，都讓我覺得有趣。從神社供奉者的名單裡可看得出，大多都是來自日本各地的冰品業者；每年5月1日神社還會舉辦傳統獻冰祭，讓來自全國各地的製冰業者、販賣商家一一前來。他們將象徵幸福好運的鯛魚和錦

1 | 2

1. 將抽到的冰籤放在冰塊上，就會浮現出文字。
2. 境內的百年枝垂櫻因為生病被切除了樹枝患部，無法見到昔日櫻花盛開的風景。

鯉，放於透明大冰柱之中，配合傳統祭祀舞蹈，祈求即將到來的夏季能帶來豐收。

以往在春季前來冰室神社，雖看不到一年一度的獻冰祭，卻能欣賞神社境內的枝垂櫻。只可惜，約有百年樹齡的枝垂櫻因為生病而被切除了樹枝患部，逐漸衰弱，目前也看不見枝垂櫻隨風搖曳的柔美姿態。期望著這株努力與病魔奮鬥的枝垂櫻，有朝一日能再燦爛綻放。

景點資訊

冰室神社

- 奈良縣奈良市春日野町 1 - 4
- 1.「近鐵奈良站」徒步 15 分
  2.JR「奈良站」徒步 25 分
  3. 搭乘奈良市內循環巴士於「冰室神社 · 國立博物館前」下車

東大寺

看到越來越多小鹿與遊客身影，便知道「東大寺」就在眼前。走過正門南大門，踏入金堂（大佛殿）之前，許多人因看見草地上盛開的櫻花而紛紛拿起相機。那並非一字排開的櫻花林，而是一株健壯茂密的櫻花樹，不搶佛殿風采，更襯托出優雅大氣。

踏入金堂，當看到約15公尺高的盧舍那佛，還是感到不可思議。究竟要花多少時間與人力，才有辦法完成這樣巨大的佛像呢？大佛面容慈祥和善，又因巨大的身形而擁有魄力。

藉由殿裡一旁的解說與參考模型，才知道原來安詳端坐在那的大佛，曾歷經過一路風風雨雨。因戰爭、災害、明治維新的「廢佛毀釋」政策等面臨過多數危機，經歷幾次破壞與修建，雖然規模和一開始相比已有縮減，但大佛殿仍是現今最大的木造建築。除此之外，境內還有東大寺展覽館、東大寺最古老的建築「法華堂」、日本三大名鐘的國寶「梵鐘」等，都值得花時間停留欣賞。

景點資訊

東大寺大仏殿

- 4月～10月 7:30～17:30 / 11月～3月 8:00～17:00
- 奈良市雑司町 406-1
- 1.「近鐵奈良站」徒步 20 分
  2.JR「奈良站」搭乘市內循環巴士於「東大寺大佛殿 · 春日大社前站」下車徒步 5 分

※大佛殿、法華堂、戒壇院千手堂、東大寺展覽館皆需購票入場。

大佛布丁

看完大佛，當然要來吃大佛布丁囉！經營大佛布丁「まほろば大仏プリン」的店主夫婦，原本主要販售的是義大利麵，布丁則是作為飯後甜點，卻意外地從配角成了主角，並在2008年創立布丁專賣店。

大佛慈祥的手繪模樣印在瓶蓋上，食用完畢之後還能重複利用空罐，成了奈良相當受歡迎的伴手禮，也在近鐵奈良站、JR奈良站、東大寺附近、JR京都站等地開設分店。

玻璃罐裡裝入不同風味的布丁，有經典卡士達、大和茶、巧克力、卡布奇諾、日本

酒……等，除了可愛大佛外還有白鹿圖案瓶蓋。即使可以利用排隊時間好好思考，但一看到玻璃櫃中布丁們排排站可愛又可口的模樣，還是讓我猶豫了好一陣子才做出選擇。

當我將紙袋裡的布丁拿出來準備食用時，身旁愛吃的小鹿也靠了過來。瞬間，牠竟然將我手裡的紙袋迅速給咬下、咀嚼、吞進肚!?我還來不及反應，牠便再往其他遊客那裡漫步覓食去。之後，我一邊品嚐香甜濃厚布丁的同時，還得提高警覺地注意是否會有鹿群過來搶食，這經驗實在太「奈良」啦！

景點資訊

まほろば大仏プリン 東大寺門前夢風ひろば店

- 平日 12:00～17:00，週末及國定假日 11:00～18:00（公休日不定休）
- 奈良市春日野町 16 「東大寺門前 夢風廣場」門前市場
- 1.「近鐵奈良站」徒步 15 分
  2. 搭乘奈良市內循環巴士於「冰室神社．國立博物館前」下車徒步 1 分

奈良公園

在日本想近距離接觸到鹿的機會不多，比較常見的大概就是廣島的嚴島和奈良了吧？相傳創建春日大社時，春日大社的祭神「武甕槌命」騎著白色神鹿從茨城縣的鹿島神宮一路到奈良。此後，鹿被視為神的侍從，在包含春日大社的奈良公園裡，代代繁殖的鹿群都受到了一定的保護。

如果小鹿那種「奈良式」的熱情迎接嚇不跑你，那就帶著鹿餅到奈良公園找鹿去吧！座落在東大寺、興福寺、春日大社等重要文化遺產群之中的奈良公園，擁有佔地 660 公

鹿仙貝攤販旁總圍著貪吃的小鹿們，只要有人經過就等不及撲上前。

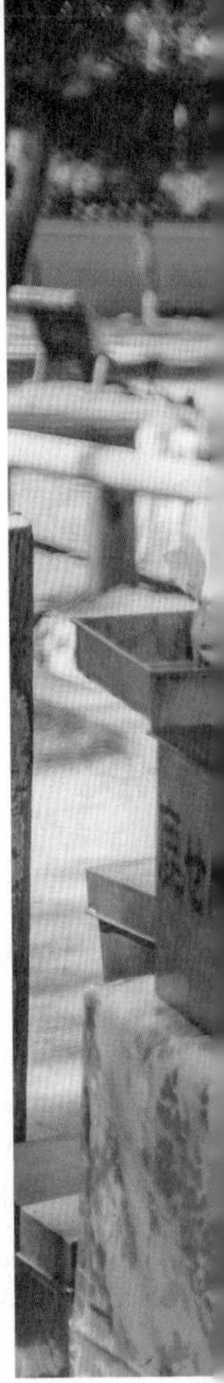

頃的自然綠地，是當地人週末假日的休閒場所，也是遊客們與鹿群們上演我餵你吃的大舞台。

廣闊的奈良公園分成多個部分，其中「春日野園地」能賞櫻又能餵鹿，離東大寺也不遠。綠地外圍開滿一大片櫻花林，沐浴櫻花雨的同時還能觀察鹿群的千百種姿態；牠們總會輕輕地跑來嗅探，希望能獲得一些好吃的食物再離去。

根據調查，目前奈良公園裡的野生鹿約有1200頭左右。疫情期間，曾看到網路流傳奈良的鹿因為沒有遊客餵食而骨瘦如柴的樣子。後來一查才知道，原來奈良鹿的主食為芒草、禾草等青草植物，而成分為小麥粉和米糠的鹿仙貝，對鹿而言就像零嘴，少吃無益，但吃多了就不一定是好事了。事實上，因為過往遊客大量餵食鹿仙貝而讓小鹿們產生消化不良的問題，在遊客大大減少的期間，反倒讓小鹿有機會回歸「正常飲食」。

但話雖如此，當我經過鹿仙貝攤販時，總圍繞著一隻隻聰明的小鹿，牠們一副蓄勢待發的模樣，只要遊客一買下鹿仙貝，就立即撲上前搶食。目睹一位大叔在我眼前差點連手也要被咬斷的畫面後，我立刻將準備好的銅板放回口袋，決定不加入這場餵食秀。心底也暗笑著自己原來跟鹿一樣，似乎有零食上癮的症頭。

在風和日麗的春季裡，古樸的奈良刷上了粉柔淡嫩的色彩。參訪過的大小神社寺廟、櫻花樹下談天說笑的人們、草地上追逐嬉戲的孩子、有點可愛又有點可怕的鹿群……，都成了我第一次到奈良的回憶。

如果還有機會，我還想再選個櫻花開的日子，去體驗如此這般奈良式的春日。

景點資訊

奈良公園 春日野園地

奈良縣奈良市芝辻町 543 奈良公園內

搭乘奈良市內循環巴士於「大佛殿春日大社前」下車，徒步約 5 分

※ 除了鹿仙貝外，請記得勿拿人類食物給鹿吃，也要遵守規則，注意避免鹿誤食塑膠袋等垃圾。

1 | 2

1. 在春日大社抽的小鹿御神籤，成了回家後放在桌上的奈良紀念品。
2. 春日大社的繪馬為鹿頭造型，洋洋灑灑寫上心願的同時，也發揮創意畫出不同表情的鹿臉。

奈良公園裡有滿開的櫻花、有青綠的草坪、有千姿百態的小鹿，
是在奈良才能感受的春日小確幸。

神戶：
櫻花滿開的
北野異人館

很多人口中的神戶都是優雅浪漫的、充滿異國風情的，而我對神戶的印象則是有許多精緻的洋菓子點心。雖然這不是我第一次到神戶，但限於前次僅去過神戶的麵包超人博物館，加上時間相隔許久，對神戶的記憶早已模糊。這一次趕在春櫻凋零之前，想好好感受神戶魅力。

既然是初訪，首先就選最具代表的北野異人館區開始逛逛。

北野異人館：魚鱗之家

神戶開港之後，在日外國人增多因而有居住地不足的問題，於是將外國人可居住的範圍擴大，其中也包括日本人和外國人皆可混住的區域。一幢幢殖民地建築隨之增加，儼然成了一區小歐洲。但再美的房子終究敵不過熊熊戰火與無情歲月，原本約百棟的住宅、餐廳、旅館，經過戰爭空襲、腐朽、經濟高度成長期之下的興建開發，街道的面貌也一直持續在改變。

所幸，發生阪神大地震後，當地學術機關、義工團體立即支援進行修復，讓僅剩的

1 | 3
2

1. 北野異人館一帶有許多坡道，雖然爬上爬下有點考驗腳力，但耐人尋味的轉角風景，都成了令人繼續向前的動力。
2. 位在北野異人館的星巴克咖啡，是由明治時期 1907 年的木屋改造，為典型的殖民地風格建築。星巴克美人魚 LOGO 為特別訂做的木製招牌，和建築外觀融為一體。
3. 逛完北野異人館一帶，往神戶塔的方向漫步，走到美利堅公園時正好接近黃昏，有了幾棵櫻花點綴，讓港都情懷更加浪漫。

30棟建築留存了下來。經過整修規劃後，屋內成了伴手禮店、美術收藏館、典藏主題館等空間。作為旅客的我們是幸福的，在北野異人館區欣賞建築之間的不同個性特色，也能期待遊走在街道中的每一個不期而遇。

往北野異人館展開旅程的路上，先沿著坡道緩緩往上爬，途中不見什麼遊客的蹤影。一邊跟著地標前進，卻也一邊懷疑自己是否走錯了路？直到看見幾位背著小包包的遊客奶奶們才放下心。跟在奶奶們的身後，爬上更加陡峭、讓小腿拉得更緊的窄小荷蘭坡，「呼！呼！加油加油，應該快到了吧！」奶奶們互相打氣，也間接鼓勵到我，可不能讓她們發現後方的我其實比她們更顯得疲累啊！

終於，到了第一站想參觀的地方——魚鱗之家。建築展現明治時期從歐洲傳來的技術，使用來自宮城縣產的玄昌石製作成約三千塊石板，將建築外牆貼上一片片魚鱗片狀的模樣，成了當地人口中的魚鱗之家。

這裡原本是租借給外國人的高級住屋，在大正時期遷移至此，後來成了第一間開放參觀的異人館。在1988年後，為了讓遊客能更盡興欣賞，打造出美麗的中庭花園，其中讓每個人都會想伸手觸摸的野豬雕像，也成了魚鱗之家的象徵。很多人相信摸摸這隻名為卡呂冬的野豬，就有機會獲得幸福。也許會被某些人認為這不過是迷信，但野豬的鼻子可還是被摸得閃閃發亮呢！

踏入房子後，我默默幻想自己是被房子最後的主人德國教師一家人給邀請，參觀主人用心搜集來自各地的精緻藝品，包括有典雅的瓷器、貴氣的玻璃工藝品、透過光線折射斑斕色彩的檯燈……。爬著咯咯作響的樓梯來到三樓，映入眼簾的還有一系列珍貴收藏畫作。

不過，最讓客人（我）羨慕的就是那框入神戶港風景的窗吧。迎著春季微涼的風，細數著窗外認得的指標景點，豎耳傾聽港邊是否揚起了船隻低鳴的霧笛聲響，更加期待自己接下來還會看見怎樣的神戶。

景點資訊

北野異人館 うろこの家

- 神戸市中央區北野町 2 丁目 20-4
- 阪急神戶線「三宮站」東口、阪神本線「神戶三宮站」東出口 5 號、JR 神戶線「三宮站」西口、新交通港灣人工島線「三宮站」徒步約 15 分

神戶
北野天滿神社

拜訪完魚鱗之家，拿著地圖在坂道巷弄中繼續繞啊繞，抬頭忽見一座鳥居被棵棵粉嫩櫻花樹簇擁著。意外碰到這幅美景的我，就這麼站在路口轉角處，和路人靜靜地陶醉在片片花瓣落下的風景裡好一陣子。穿過鳥居，爬上樓梯通向參拜處，又能以不同的方式徜徉在櫻花林間。隨風搖曳的櫻花，在光影折射下顯得閃閃動人。

一到神社境內，先看到作為手水舍的小亭子裡有座浮上水面的鯉魚雕像，旁邊掛著可愛的粉色小錦鯉，一隻隻都代表著來自信徒

們祈求戀愛順利的心願。

鯉魚的日語發音和戀愛相同（こい；koi），因此在日本許多祈求戀愛運的神社中常會看到錦鯉。如果想祈求有段好的戀情發展，不妨可以帶著誠意將水輕輕澆在錦鯉上；或是在參拜完後，買隻小錦鯉掛在手水舍，或者就這樣帶回家盼望戀情開花。

再往上走一點，便是本殿了。神戸北野天滿神社的本殿供奉的是菅原道真，在日本被視為學問之神，許多學子們都會來向祂祈求學業順利、考試合格。據說菅原道真本人非常喜歡梅花，因此在境內的建築物、賽錢箱、告示牌等地方都可見到梅花標誌，神社後方還藏有一片梅花園。

和各地天滿宮相同，這裡也供奉著被視為御神牛的銅牛。傳說中菅原道真與牛有著很深的緣分，在牛年出生的菅原道真，在過世時運送其遺體的牛車突然停止前進，於是人們便將道真公遺體葬在該處，之後即為太宰府天滿宮的本殿。許多來參拜的人看到御神牛會輕輕摸摸祂的頭，祈求耳聰目明、學有所成。

繞到本殿後方，則是屬於境內末社區域，分別有祈求全家平安、生意興隆的「天高稻荷神社」；祈求身體健康、早日康復的「蘗照大明神」；祈求開運招福、去災解厄的「白龍太善神」；祈求生產順利的「北野水天宮」。

蘗照大明神前一隻隻白色小狐狸排列著，牠們全都是祈願者的寄託。小狐狸的身上寫著姓名、出生年月日與祈求事宜：祝福祖父身體健康、母親身體早日康復……狐狸們感受到祈願者的誠摯，真能將心願傳到蘗照大明神耳裡吧！

參拜後，我站在神社的最高處以不同視角欣賞一旁的風見雞館，也俯瞰著一整片異人

北野天満神社
KITANO TENMAN SHRINE
天満神社
合格祈願

館街道風景，櫻花飛落，內心平靜。

一開始平清盛為了鎮守鬼門將京都的北野天滿宮分靈至此，附近的土地原先是純樸寧靜的漁村、農村，接著轉成日本人與外國人共處之地，而今則成了遊客必訪的觀光景點。原本只是被櫻花吸引而來，卻沒想到走入境內後見到的是不一樣的異人館模樣。鎮守在這裡多年的神明們，聽著每個時期人們的祈念，守護當地居民之餘，似乎也嘗試著用這樣的方式拉住身為遊客的我們，輕輕地說：「別只是走馬看花，用更細膩的方式去感受異人館的魅力吧。」

手水舍旁邊掛著一隻隻祈求結緣的粉色小錦鯉，魚身還有可愛的紅色愛心。

景點資訊

神戸北野天滿神社

- 神戶市中央區北野町 3-12-1
- JR、阪急、阪神、地下鐵「三宮站」徒步約 15 分，位於風見雞館東側

Chapter 4

放空休日

有時候，只想漫無目的地走走

東北之夏
初體驗

在日本旅居期間，有幾次因工作或單位邀請能有機會至日本各地參訪，有時是一人獨行、有時是廠商陪同，有時則有機會和來自各國的人士接觸，在異地彼此交流。多年前，曾與來自新加坡、美國、泰國等國家的人受邀至東北觀光，雖然時光短暫，卻留下了讓我能重複回味的珍貴回憶。

奧入瀨溪流

原來，夏天的
奧入瀨溪流這麼美！

若翻開東北旅遊書或是東北觀光宣傳海報，總是以奧入瀨溪流的美麗風景作為代表。奧入瀨溪流位於青森縣十和田市，是十和田湖唯一流出的河川。溪流之間散佈著許多瀑布，加上季節變化的美麗景緻，是許多攝影愛好者喜愛的地點。

奧入瀨溪流從十和田湖子之口到燒山，全長約有14公里，並且已整備成舒適的自然步道，讓遊客能更充分悠閒地欣賞四季風光。

春季，雪水融化流入溪流之中，沿岸的森林又恢復了活力。夏季，染上一片清涼的

1
2

1. 不論是騎車或慢行，累了就隨心停留休息，只要沿著美麗的奧入瀨溪流，到哪裡都是獨有的風景。
2. 溪流邊佈滿著多達 300 種的蘚苔植物。

綠，加上森林各處傳來的自然聲響，是健行、騎單車的好季節。秋季的奧入瀨溪流開始吹起涼風，溪流染上迷人秋色，迎來一年中最熱鬧的賞楓旺季。到了寒冷的冬季，溪流變成雪白世界，欣賞完壯觀晶透的結冰瀑布與披上白雪的岩石，還能泡一泡熱呼呼的溫泉。

除了以多種方式親近欣賞奧入瀨溪流風光，另一方面也要記得做好保護環境的責任。如果是開車前往，為了保護周邊生態及維護交通安全，記得不要將車長時間停留在路邊。健行路程約2～3小時，可提前先留意路線中會經過哪些洗手間。當然，沿途的植物昆蟲不可隨意抓取、也勿任意踩踏花草，更要注意用火，以免發生火災。

還記得出發前，得知有機會一睹奧入瀨溪流的美麗以及入住傳說中的星野飯店時，感到非常興奮期待！

前往奧入瀨溪流的那天，是由熟練駕駛技術的日本大哥開車帶著我們一行外國人前往。車子上山沒多久就開始起了濃濃大霧，彷彿置身神仙世界般如夢似幻。大哥以極慢的車速往上坡開，但我心裡仍然感到十分緊張，因為在看不見前方道路的情況下，好怕我們就這樣摔到谷底，心中不停祈禱能平安抵達。（旁邊的新加坡大哥仍老神在在地一邊說笑、一邊清理他的寶貝相機⋯⋯）

好不容易到達飯店、辦了入住手續後，原以為可以卸下行李好好賴在飯店休息，卻沒想到用完晚餐已是22點多。大家帶著微微睡意準備各自回房時，領隊大哥開口：「明天我們清晨5點集合，一起去溪流騎車吧！」雖然僅是邀約也非強迫性，但當新加坡小姐、泰國先生、美國小姐和我都表示興致缺缺時，大哥以推銷員口氣再三邀請我們一同前往。最後，我和來自新加坡的先生與小姐，最終還是放棄了待在飯店享受的機會，努力在清晨4點鑽出被窩，整裝與大家會合。

在大家都沒吃早餐的情況下，就要展開約2小時的單車路程！總是走在隊伍尾端的新加坡小姐在出發前緊張地說：「如果我昏倒的話，一定要派車來接我喔！」聽她這麼說，睡眼惺忪的我在戴上安全帽、坐上座椅後，也開始感到莫名緊張，深怕自己會是拖累隊伍或成為摔在山路上的那位隊友。

我們沿著長長的奧入瀨溪流，時而向上、時而隨坡滑行；偶爾會聽到遠處溪流的滾滾流水聲、偶爾是綠林間透出的蟲鳴鳥叫；有時耳邊傳來的是隊友的呼嘯聲以及自己的心跳喘息聲。

那一次，是都市俗我人生第一次在自然林間騎車，也是我感到學生時期沒有過的熱血時刻。

清晨6點抵達十和田湖，夏日晨霧籠罩，如置身仙境般充滿詩意。

奧入瀨溪流全長約有14公里，雖然無法從頭到尾騎完全程，但中途我們也停留了不少美麗景點。繞著茂密綠林的溪流、氣勢如虹的瀑布，以及美到令人屏息的十和田湖，出發前的緊張與擔心，已隨著騎行之間全被丟在腦後。對於沿路來不及拍下的美景，我只能獨自欣賞嘆息，也試著打開所有感官，讓自己徹徹底底地「融入大自然」。

將車騎回飯店用完早餐後，緊接著我們一行人又在專業導遊的帶領下，以散步健行的方式欣賞澳入瀨溪流。由於溪流環境潮濕加上未被破壞，因此保有良好的自然生態，溪流邊佈滿著多達300種蘚苔植物。我們拿著放大鏡，找尋樹幹、岩石、石縫、樹洞裡、樹枝上下的天然蘚苔，那些肉眼看起來如綠色毛毯的蘚苔，在鏡裡原來是如此充滿生機地美麗，且有著形形色色的豐富面貌！觀察的同時，輕輕地觸摸那些可愛的蘚苔，也感受到不可思議的生命力。

在奧入瀨溪流停留的短暫時光裡，讓我留下深刻印象的不是原本期待的溫泉飯店住宿體驗，而是和那些旅程前素未謀面的隊友們在騎車時互相分享、彼此鼓勵的時光，以及看到自然美景的感動。

常有人說，奧入瀨溪流最美的季節是秋季，但我想，那年夏天我很幸運地遇見了心中難忘的美麗風景。

景點資訊

奧入瀨溪流

青森縣十和田市大字奥瀨字栃久保183（此為奧入瀨溪流館）

從JR「青森站」、「新青森站」、「八戶站」搭乘JR巴士（十和田湖休息屋方向）前往「燒山」等地

鹽釜市場

挑選新鮮生魚片、海鮮蓋飯 DIY

日本東北中部的宮城縣鹽釜市（塩竈市；しおがまし，Shiogama shi），不僅有世界三大景「松島」，還有一個販賣新鮮漁貨的批發市場「鹽釜中間批發市場」。和知名的築地市場不同的是，一般的民眾也能在這裡自由選購漁貨，並且吃到日本其他地方也難以吃到的新鮮「生鮪魚」。甚至可在選購之後到旁邊的用餐區添購大碗白飯與味噌湯，開始組合自己特製的海鮮蓋飯！（如果不吃生食，可另外請店家做成天婦羅蓋飯，或是至燒烤區 BBQ。）

因為鹽釜市地理位置良好，現捕的鹽釜灣新鮮海鮮，都會直接運到鹽釜中間批發市場販賣。一般來說，日本中間批發市場都是B2B的型態，故一般民眾無法購買。但民營制的鹽釜市場，不僅能讓民眾、遊客開心選購，也能以批發價格購買到喜愛的海鮮漁貨。

販賣商品包括一年四季都買得到的毛蟹與章魚，8月到12月盛產的秋刀魚、11月到7月的金目鯛、6月到9月的岩牡蠣、9月到12月的鮭魚卵，以及海膽、鮑魚、干貝等新鮮海產。尤其每年9月到12月還有珍貴的極品鮪魚「三陸塩竈ひがしもの」，在這個時期捕獲的鮪魚，因為將三陸海岸一帶的秋刀魚、沙丁魚作為天然飼料，因此肉質特別肥美，色澤與鮮度也近乎完美。每年10月，當地也會舉行祭典「どっと祭り」；どっと在當地有「魚」的意思，祭典會舉行鮪魚解

1 | 2

1. 市場裡的告示牌提醒大家不要將吃剩的生食帶回家，避免生食放置一定時間後所導致食物中毒的危險。
2. 當時在東北第一次看到、吃到被比喻為海中鳳梨的海鞘綱「ほや」。新鮮的海鞘綱口感爽脆、富有嚼勁，當地人會以生食、燒烤、油炸等多種方式食用。

剖秀、模擬市場鮪魚拍賣、製作鮪魚鐵火卷壽司等活動，來分享漁夫們豐收的喜悅。

另外，還有海帶水產、魚乾、當地特色美食，相信平常喜歡吃海鮮的人，走在鹽釜市場裡一定會邊逛邊吞口水！

我和旅伴們先在市場裡面亂晃，尋找想吃的漁貨海鮮。這裡的生魚片份量適合3～4人食用，如果剛好在市場快結束的時間前來（約11、12點），還可以試著殺價看看喔！當天我們就幸運地以約市價三分之一的價格買到高級的中鮪魚肚。

取得新鮮海鮮後，就帶著去用餐區享用吧！市場裡面有小告示提醒，這裡販賣的多為生食海鮮，所以請大家不要將吃剩的生食帶回家，因為經過一段時間後生食會有導致食物中毒的危險。建議可購買白飯加味噌湯的組合，另外搭配自行購買的海鮮組成豐盛的海鮮蓋飯。我們一行6人，東買西買地買

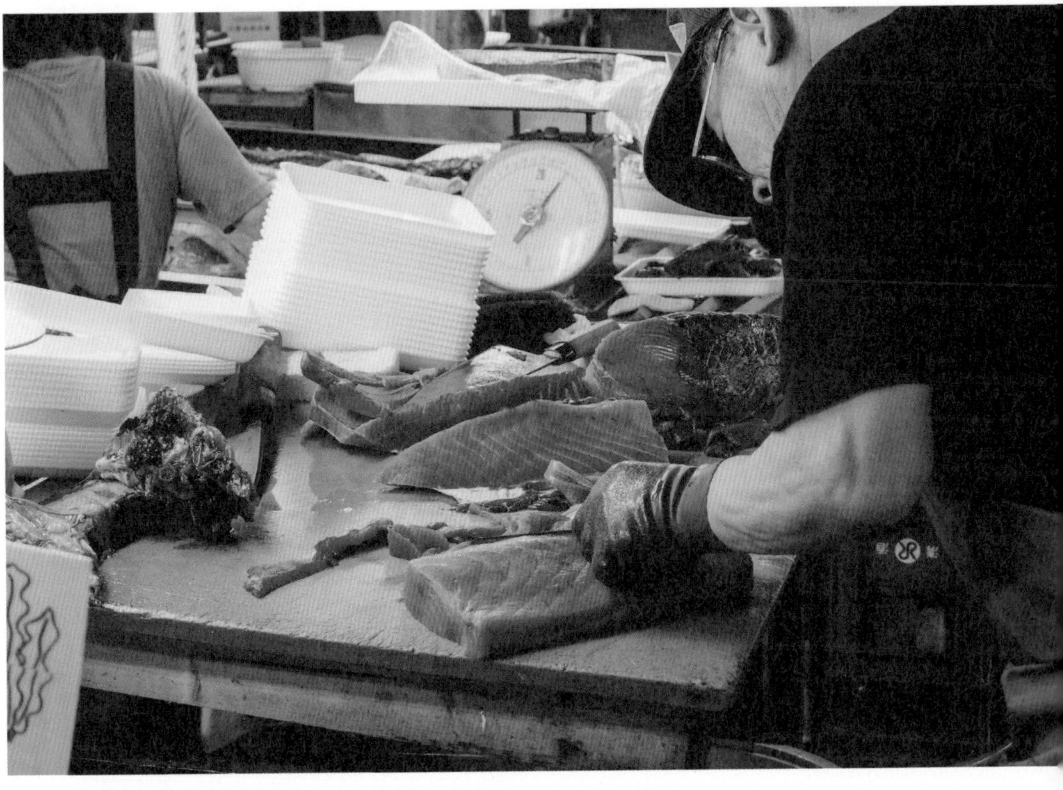

了滿滿一桌，包括扇貝、生蝦、鮪魚、海膽、鮭魚卵……等，實在奢侈。

其中，最吸引大家目光的就是肥美的中鮪魚肚。日本大哥說這盤中鮪魚肚在一般料理店吃可是要好幾萬日幣，而且還多為冷凍，不如眼前的漁貨新鮮。這裡的不僅非冷凍肉質，而且兩大盤殺價後約5千日幣，6人分攤下來非常划算。

接下來就是考驗大家擺盤的技巧了。日本大哥展現專業，他的蓋飯看起來就像店家端出的料理，而我DIY的海鮮蓋飯，放入了滿滿私心，做了一碗為自己量身定做的蓋飯。

這裡海鮮的美味與新鮮度不用說，刺身切片又肥又厚，尤其是中鮪魚肚入口即化的口感，讓我們不小心又吃了好幾片。還有夏季盛產的海膽，也是新鮮又好吃，完全不輸內心第一名的北海道海膽。吃得相當滿足的我們，離開市場時頂著飽飽的肚子，笑說自己

的肚子快變成鮪魚肚了呢！

其實這座於1965年設立的鹽釜市場，正面臨著現實考驗。創立當時約有三百多家攤販，但隨著日本泡沫經濟、東日本大地震，以及海洋環境變化等影響，已減少至約九十多家。而這些帶給當地人滿滿回憶及觀光客樂趣的攤販店主們，有很多也已是60、70歲的爺爺奶奶。關於市場的未來要如何繼續走下去，是市場即將面對的問題。

比起函館市場、黑門市場等較被旅客熟知的市場，鹽釜市場正努力地開闢一條新路。來過這座富有特色的市場後，內心衷心希望它可以長長久久地繼續經營下去。

景點資訊

塩釜水産物仲卸市場

- 每週三休息
- 宮城縣塩竈市新濱町一丁目20番74號
- 從「東鹽釜站」徒步15分或搭乘しおナビ巴士至「魚卸市場前」下車

※ 各店舖的營業時間不同，多數店家在午後會結束營業，因此建議中午之前前往。

被兔子療癒後，
也要知道的真相

在日本留學時，班上一名外表陽剛的男同學在連假後分享旅遊心得時，帶著溫柔神情說道：「兔子島的兔兔超級超級可愛的啦！」此話一出，便讓我對兔子島產生了興趣。心中猜想著：這兔子島肯定有極大的療癒力，連一位平時講話犀利的大男孩，一想到兔子島竟能表現出如少女般的柔軟，讓我也想親自前往體驗。

大久野島

位於廣島的大久野島，因為島上有著為數眾多的兔子，因而有了兔子島之稱。在親自體驗兔子島魅力之前，我先到住家附近的賣場挑選飼料，希望能找到幾包得到兔子們好評的食物。

「要選這包有添加蜂蜜的，還是這包有乳酸菌成分的好呢？」

「不然再挑幾袋果凍條，或許兔子們也會喜歡呢！」

由於聽說島上兔子數量眾多，加上自己沒有飼養經驗，深怕兔子吃不夠也怕自己餵得

不盡興，我就這麼在行李箱中裝入估約一半容量的飼料，從關東飛往廣島機場，再轉至忠海港，搭乘大三島渡輪前往大久野島尋找可愛的兔子。

到了忠海港時，離開船還有一段時間，於是先在港口對面的伴手禮店逛逛。不難猜想，裡頭賣的全都是和兔子相關的商品，馬克杯、提袋、文具用品、鑰匙圈……等，還沒見到毛茸茸的兔子們，就先被這些商品給療癒了一番。店裡頭還有販賣霜淇淋，在等待的期間也能吃一支甜甜的冰，望著大海，讓期待的心膨脹。

渡船裡的每個座位前方，都放置著以日英文寫下的注意事項、大久野島的地圖，以及關於島的問答集。我選了窗邊的位置坐下；窗上印著可愛的兔子圖樣，隨著船隻緩緩移動，兔子們也彷彿輕輕在海上跳躍，這麼一跳，就跳到了大久野島。

1 | 2

1. 港口的小賣店裡販售船票、小包兔子飼料和各種兔子周邊商品。門口還有可以投遞明信片的粉色郵筒。
2. 曾經的發電廠，現在成為只有兔子們可以穿梭進入的廢墟。

下船後，立即抱著準備好的飼料，發下「今日沒發完不能回家」的豪語，準備開始兔兔餵食秀！

大久野島面積不大，繞行一圈約3.3公里，因此可選擇租借腳踏車或以緩慢散步的方式移動。才啟程沒多久，就看到幾隻慵懶的兔子在海岸邊休息，有些小兔子很機靈，一看到人就快速地跳躍前進，再踮起小小的雙腳，有點怕生卻又好奇地試探能否有機會被餵食。其他兔子見狀，也會跟著靠過來，於是抱著飼料就如擁有家財萬貫，成了兔群人氣王，一路都受到這些毛茸茸的可愛動物們愛戴。

我隨心照著島上的指示路線漫步遊走，途中見到幾座草木叢生、看似廢墟的遺跡，近看才發現那些只有兔子們能自由穿梭的黑暗角落，皆是大久野島抹不去的歷史。

由於日俄戰爭、日清戰爭，大久野島在

1902年設下22座炮台，1929年到1944年則成為製造毒瓦斯與軍事武器的秘密基地，因此在地圖上消失好一陣子。據說當時許多貧困家庭的孩子聽到有個能學習科學又能賺錢的地方，就動身前往參與製作，並允諾不將島上發生的所見所聞告訴周圍親朋好友。大量製造出的毒瓦斯，一批批被運送至九州，經過後續製程變成武器送上戰場。直到第二次世界大戰日本戰敗後，駐日盟軍總司令與日本政府花了約一年的時間，才將這些有毒物品消毒、燒毀、處理。

儘管如此，島上原本放置毒瓦斯的多處倉庫，都留下了當時處理時所遺留的深色燒痕。不僅無法找回原本島上的樣貌，至今大久野島仍有有毒物質殘留的疑慮，因此多處地方都拉上長長的警戒線，也成了只有兔子們生活的小島園地。

繞了島上一大圈，原本沉甸甸的飼料包快

1 | 2

1. 事先準備好的飼料。繞島沿路餵食，兔子們都很捧場地吃光光。
2. 年紀較小的兔子寶寶幾乎都很害羞，要特別小心別讓牠們受到驚嚇。

變成空氣袋，兔子們竟然這麼捧場地很快吃光了。當我即將走回一開始下船的原點，發現岸邊一株開得無比燦爛的櫻花，幾隻小兔子聽見腳步聲便立即蹦蹦跳地跟過來。看著兔子們低頭吃著混在花瓣裡的飼料，餘光撇見前方有處藏在樹蔭下的鳥居。

雖然那天是風和日麗的好日子，但一腳踏入神社境內，就立即拉我進入烏雲籠罩般的沉重世界。據說那曾是毒瓦斯工廠員工們舉行各種儀式的「大久野島神社」，就連小孩的畢業典禮也是在此舉行。境內主殿因崩塌而拉上禁止進入的警示帶，一旁還立著殉職碑與慰靈碑，來紀念因製作毒瓦斯而不幸罹難的員工。此時一隻隻圓滾滾的小毛球靈活跳動的身影，將我拉回現實，才讓我稍緩那份莫名湧起的悲痛，向著陽光的那頭走去。

搭著渡輪離島，告別這座可愛又夢幻的兔子島，也告別了這座曾是危險又悲滄的毒氣島。我在回程的路上想著：原來，大久野島是療癒人心的兔子島，也是讓我們重新思考和平世界可貴的最佳教材。

景點資訊

大久野島

- 廣島縣竹原市忠海町
- 在 JR 山陽新幹線「三原站」轉乘 JR 吳線至「忠海站」下車，車程約 25 分；於廣島巴士中心搭乘藝陽巴士「輝夜姬號」至「忠海站」下車，車程約 1 小時半。從「忠海站」至「忠海港」徒步約 3 分

※ 島上沒有販賣飼料，須事先購買。

到下呂溫泉開啟「美肌模式」

高中時第一次跟家人到日本團體旅行，五天的行程中就有三天是可以泡溫泉的住宿行程。之後開學一到學校，朋友碰到我手肘後驚呼：「哇！你皮膚變得好光滑喔！」我才知道，原來泡溫泉可以美膚真的不單純是旅行社或觀光地的宣傳手法。

到日本居住後，我也漸漸喜歡上泡澡與泡溫泉，而且泡著泡著更擅自在內心排出了最愛排行榜。其中，與有馬溫泉、草津溫泉並稱為日本三大名湯的「下呂溫泉」，即是我最最喜歡的溫泉之一。

下呂溫泉
溫泉街散策

名副其實的
美肌溫泉

初到下呂溫泉是在將暖未暖的日子。搭著電車穿越山谷綠林，在下呂站下車後，遊客們各自尋找即將下榻的飯店接駁車。我默默往四周觀察，來這裡的多是三五成群的女性好友，或是感情如姐妹的母女，大家嘴裡不說，但應該都是被「美肌」兩字給吸引而來吧？

而我對下呂溫泉至今仍念念不忘的原因，也是那被稱為美肌溫泉的滾滾泉水。雖然很多地方的溫泉都有美肌溫泉之稱，但當身體浸到泉水中，就立刻能知道之間的差異。下

呂溫泉的泉質無色無味又滑溜溜的，就像是為皮膚塗上了輕薄的護膚乳，有了水嫩光滑的舒服觸感。

除了下呂溫泉泉質本身極具魅力外，我也很喜歡這座溫泉街那種剛剛好的氛圍。相較於同是溫泉景點的由布院、箱根，或比起周遭更有人氣的白川鄉，淡季時選擇在下呂溫泉留宿的客人似乎更少一些，因此在街道散步更是悠閒愜意。另外，散落在溫泉住宿的周邊也有一些用公車或步行方式就能造訪的觀光景點，更能充實在下呂的溫泉旅行。

青蛙神社：加恵瑠神社

呱呱呱！下呂街頭出現最頻繁的動物

走進下呂伴手禮商店，不難發現有各種青蛙造型的商品，就連和菓子饅頭也變成一隻隻青蛙。此外，在下呂街道中，青蛙身影也散落於各處；不僅甜點布丁瓶身上印著青蛙泡溫泉的可愛圖案，水溝蓋上、消防局的鐵門也漆上了小青蛙圖案，甚至還有一間青蛙神社!?

原來，下呂的日文發音作GERO，同樣的發音在日文裡也是形容青蛙鳴叫的聲音。因此，青蛙就成為了下呂的代表動物，走在這裡，找尋大小青蛙也變成了另一種遊

玩方式。

座落在溫泉街道中的「加惠瑠神社」即是特別的青蛙神社。遠遠就能見到神社裡大大的青蛙大明神，洗手的手水舍、石燈籠、寫上心願的繪馬，都能見到青蛙身影。

日文かえる（KAERU）指青蛙，也意指返回、歸還，代表著平安歸來、錢財回來。加上青蛙跳耀姿態讓人聯想到成功躍升，因此也有人會特地前來這裡祈求工作晉升或事業順利。說著說著，是否想拿出零錢向青蛙大明神祈願了呢？只要把錢投入賽錢箱，還會得到來自青蛙的感謝與祝福驚喜回應喔！

先不管青蛙大明神是否真能替大家完成心願，光是看到神社裡滿滿的青蛙身影，就別有一番樂趣。另外，除了這座較有人氣的「加惠瑠神社」之外，下呂合掌村內也有座青蛙神社，有機會可以前往採訪。

景點資訊

加惠瑠神社

岐阜縣下呂市湯之島 543-2

白鷺物語

關於當地的白鷺傳說

走離遊客常逛的主要大街，在巷弄中不時會看見招牌與海報都帶著年代感的小店。突然想來點冰涼點心的我，隨意走進一家由老奶奶看管的伴手禮雜貨店，在冰櫃裡挑了一隻印有白鷺包裝的冰來吃。原來這是以下呂熱門伴手禮「白鷺物語」（しらさぎ物語）為靈感所做成的冰品點心，包裝印上優雅白鷺的圖樣也和當地流傳的傳說有關。

據說在很久以前，下呂東方的「湯ヶ峰」火山經過火山活動而出現湧泉，當地居民也得以用泉水來治療傷病，並吸引不少遊客前來。但在發生了大地震後，溫泉突然停止湧出，這讓習慣浸泡溫泉的居民們十分難過。

過了一段時間，村人發現一隻因受傷而停靠在飛驒川邊休息多天的白鷺。仔細一看，水面霧氣騰騰，才發現原來白鷺停靠的周邊湧出了滾滾泉水。療傷後的白鷺往山的方向飛去，村人也在那裡發現藥師如來立像。從此認為，那隻白鷺便是藥師如來的化身。

鷺之足湯

帶條毛巾，
隨時都能美肌一下！

和其他溫泉地一樣，下呂的街上有許多供人泡足湯的場所，且多達9處。若沒時間留宿，不妨帶條毛巾在街道散步，找尋一下散落之間的足湯，感受當地泉水的特色，也能免費體驗足湯樂趣。第一座出現在下呂溫泉的足湯，正是以白鷺為名的「鷺の足湯」，地點就在加惠瑠神社對面。即便當時是有點悶熱的天氣，大家仍各自在脖子上掛著毛巾、彎腰捲起褲管，雙腳撲通地浸入暖熱泉水，一邊擦著從額間冒出的微微汗珠，一邊感受從下而上、從外到內的溫熱暖流。

景點資訊

鷺の足湯

岐阜縣下呂市湯之島 856-1

※ 關於足湯的禮儀

雖然足湯大部分都是屬於公共場所，就像路邊的公園設施，不分時間任誰都可自由進出使用。但也要注意遵守基本禮儀，才更能享受泡足湯的樂趣。

- 可事先準備擦腳用的毛巾，忌濕腳移動。
- 建議穿著好折且較寬鬆的衣褲。牛仔褲等較緊身的褲裝，雖然可以捲起褲口，但有可能因為過緊反而導致血液循環不良。
- 保持雙腳整潔，切勿在足湯洗腳。
- 若腳、指甲等足部有傷口或帶有傳染病，則不可使用足湯。
- 人多的時候勿佔用太久。
- 泡足湯時禁止飲食或抽煙，也要避免飲酒後使用足湯。

溫泉甜點

連吃甜點
也能美肌？

泡完了美肌溫泉，到伴手禮店內也能順道將當地限定的美肌保養品帶回家。像是以下呂溫泉水做成的噴霧、乳液、護手霜、面膜、入浴劑等，種類豐富，我也挑了幾樣作為伴手禮。在排隊結帳時，觀察前後遊客們的購物籃就可推測，或許我們都相信著：就算離開了這裡無法天天泡美肌溫泉，有了這些保養品似乎還能延續著那麼點功效。

不只如此，好山好水的下呂，也藏有不少美味的料理與甜點，當地許多店家與溫泉旅館甚至推出「美肌甜點」，讓我在晚餐時間之前，能以美肌為由，沿路開吃。

在 ゆあみ屋購買布丁或溫泉蛋霜淇淋後，還可以在店外泡著足湯吃甜點。

ゆあみ屋

「咦？冰淇淋聖代裡有溫泉蛋？」在溫泉大街上看到一間聚集不少遊客的甜點店「ゆあみ屋」，大家手上拿的不是溫泉布丁就是霜淇淋聖代。

仔細一看，這裡的招牌是溫泉蛋霜淇淋（温玉ソフト），在杯底撒入玉米脆片，擠入以下呂牛乳製作的香濃霜淇淋，再放上一顆以下呂溫泉蒸煮的溫泉蛋。有別於一般霜淇淋的口感，奶香與蛋香碰撞混合，帶來了意外的美味。除了基本款的溫泉蛋霜淇淋，另外還有加入膠原蛋白、輔酶Q10成分的「芳醇美肌溫玉霜淇淋」。美味美肌又新奇，也難怪街道上不論男女，幾乎人人手上都一杯。店門口外還有一小區足湯，涼熱交替的三溫暖式體驗不僅特別，也能讓腳藉由泉水美肌一下喔！

景點資訊

ゆあみ屋

- 夏季（4 月至 11 月）9:00 ～ 21:00
  冬季（12 月至 3 月）9:00 ～ 18:30
  ※ 營業時間有可能變更
  ※ 最後點餐為結束營業前的 30 分
- 岐阜縣下呂市湯之島 801 番地 2

千壽堂

離開下呂之前，還有點時間，便搭著巴士到下呂溫泉合掌村附近的「千壽堂」。店裡賣著招牌煎餅、霜淇淋聖代、咖啡、漂浮汽水等甜點飲料，乍看之下以為是常見的咖啡店。

但仔細一看，這裡所販售的甜點飲料其實頗耐人尋味。從店門口枝繁葉茂的日本七葉樹或許就能看出點端倪。裡頭販賣的食品幾乎主要是用日本七葉樹的種子（栃の実）製作而成，也能見到如栗子般圓滾滾的棕色七葉樹種子。幸運的話，還能欣賞職人製作煎

1 / 2

1. 如栗子般圓滾滾的棕色七葉樹種子。
2. 栃の実霜淇淋上還附了半片栃の実仙貝煎餅，另一款杯裝的霜淇淋中則是放上一顆顆柔軟的栃の実甜甜圈。

餅的過程，品嚐現做煎餅在30秒內由軟變脆的滋味變化。

日本七葉樹的種子「栃の実」有日本堅果之稱。種子的外觀雖和栗子相似，但卻帶著苦澀味，須經過繁複的處理工程才能食用。其所含的成分，被認為具有抑制血糖上升、整腸健胃、抗老等功效。不過比起功效，我更好奇它究竟是什麼味道，便點了一份霜淇淋試試。雪白的霜淇淋上放上圓圓的粉色麩作點綴，附上的半片「栃の実煎餅」可以當作湯匙挖來吃，還可帶來豐富的口感變化。使用栃の実製作的甜點，味道並不太突出，帶著似有若無的堅果香，完食後舌尖還殘留著微微香甜，讓我對栃の実留下了好印象，也為下呂之行畫上了完美句點。

景點資訊

千寿堂

- 8:00～17:00（LO16：30）
- 岐阜県下呂市森 2557-4
- 乘坐濃飛巴士合掌村線往下呂溫泉醫院方向，至「いで湯朝市前站」；JR「下呂站」約 5 分車程

來到千壽堂，可順便至附近的下呂溫泉合掌村觀光。

日文中的「湯治」指的是在溫泉地停留一週以上的期間，藉由溫泉療養身體。雖然短期浸泡應該沒有太大的效益，但藉由一池溫暖泉水與當地特有的美食撫慰身心味蕾，睡飽吃飽後一覺醒來，自然精神飽滿有元氣。以前的我總不明白為什麼日本人這麼喜愛泡溫泉，甚至為此舟車勞頓，但去過下呂之後，就好嚮往能在像下呂這樣的溫泉地進行湯治啊！

景點資訊

下呂溫泉

1 於「名古屋站」搭乘飛驒號列車「ひだ」至「下呂站」，車程約 1 小時 27 分

2. 於「富山站」搭乘飛驒號列車「ひだ」至「下呂站」，車程約 2 小時 15 分

1 | 2

1. 來到下呂溫泉，到處可見青蛙身影，舉凡水溝蓋、消防局鐵門……，就連一般溫泉地常見的溫泉饅頭，也變成青蛙造型。
2. 稍微走離熱鬧的溫泉街，拐個彎看到城市裡難見到的街景，時光好像就這樣靜止了。

瀨戶內海：擁抱瀨戶內海藍和橄欖綠

至今，偶爾心情煩躁時，總會閉上雙眼回想那片撫慰人心的瀨戶內海。

瀨戶內海為日本第一大內海，周圍環繞著兵庫縣、岡山縣、廣島縣、山口縣、德島縣、香川縣、愛媛縣；海上有700座以上大大小小的島嶼，其中面積最大前三座島依序為「兵庫縣 淡路島」、「香川縣 小豆島」、「山口縣 周防大島」。各個島嶼間擁有獨特景觀及特色名產，加上氣候溫和，因此許多遊客到瀨戶內海，不單單只停留一地，而是會進行跳島式旅行。當然，每逢三年舉行一次的「瀨戶內國際藝術祭」期間更是熱鬧。

不過，我不是在瀨戶內國際藝術祭時去的。

這次就單純在瀨戶內海上飄洋、放空、流浪吧。

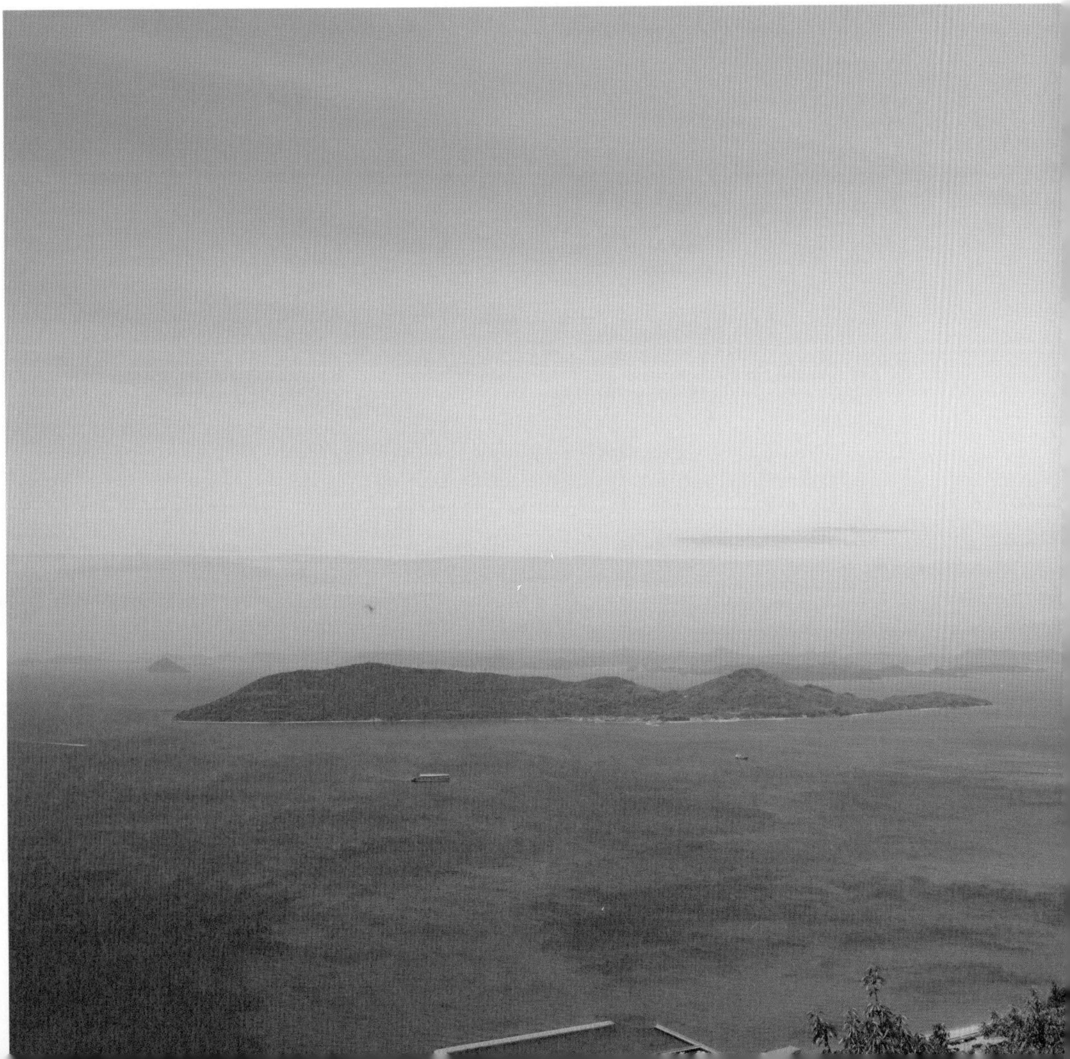

umie 咖啡廳

聽說瀨戶內較少降雨、晴天機率高，但就這麼幸運地讓我遇到難得的雨天。抵達高松的第一天，選擇留宿在高松站附近，放妥行李後先不跳島，而是到北濱 Alley（北浜アリー）找間咖啡廳躲雨。

北濱 Alley 是將老舊倉庫區建築群改建成一間間賣店或飲食空間，讓我想起了台中的綠光計畫范特喜文創聚落。

看見咖啡廳 Umie 的招牌，沿著指示上二樓，入店後立刻聽到前來招呼的店員阿姨親切地說：「隨意找個喜歡的位置坐吧！」於

是我下意識地選了書架旁的座位。翻開菜單，發現這裡的咖啡名字也都取得好詩情畫意，像是帶著微微果香就如早晨在海邊散步般的「浅葱」、彷彿夜幕就要降臨海岸的「瑠璃」，雖然我最後還是無趣地點了最基本的美式咖啡、熱卡布和兩份甜點……。

「司康要等比較久喔！可以嗎？」反正我和旅伴本來就沒什麼行程要去，立即點頭說沒關係。

將歷經75年以上歲月的倉庫，改造成如家一般的舒適空間，有舒服的沙發座椅、堆疊的雜誌與書籍，還有那大大的窗框；窗外是一大片瀨戶內海，每分每秒都框起海的千變萬化，就算什麼都不做，也能這樣呆望一下午。

手捏著烤得溫熱的司康，聽著店裡英日文輪流播放的愜意歌單。輕鬆的旋律夾帶幾分慵懶，陰雨綿綿的瀨戶內午後，時光就這樣靜靜流逝，換上一抹幸福安然。

景點資訊

umie

- 平日及週日 11:00 - 19:00 (L.O. 18:00)
  週六 11:00 - 21:00 (L.O. 20:00))
- 高松市北濱町 3-2 北濱 Alley 內
- JR「高松站」徒步 20 分

將老舊倉庫區建築群改建而成的北濱 Alley，或許是因披上了綠葉外衣，添增不少生氣。

umie

A little bit cozier life-style.
umie
Gallery
OPEN
MARUTE

小豆島渡輪

隔天，到高松港乘坐渡輪前往小豆島。港口的大小渡輪開往小豆島、直島、女木島與男木島、豊島；渡輪由不同公司經營，使用的船隻也有不同規模，有些可以連人帶車一起上船，有些則是輕巧快速的高速船。

為了保險起見，事先預約好船票，接著提早半小時開車前往付錢取票，依照工作人員指示將車子停好後，到船艙入座等待啟航。

「嗚嘩，好大啊！」一到客座船艙後，發現船艙內座位很多、乘客稀少，可以任選喜歡的角落入座。除了室內座位區還有室外空

間，也可以爬到最上層吹吹風看海。船艙裡設置有販賣部，兜售許多小豆島特產的橄欖油產品。

當船身慢慢移動，耳邊傳來輕快活潑的旋律，有一種即將快樂出航的預感。在窗邊凝望波光粼粼的海面，看著漸行漸遠的港口，未知的旅程就要展開。

景點資訊

高松港 — 小豆島

JR「高松站」徒步10分鐘至高松港，搭乘渡輪（約1小時）或高速船（約35分）前往小豆島（依不同路線將停留島內土庄港、池田港、坂手港等港口）

※ 購票地點、乘船路線和時刻表，須於旅行前再次確認。

小豆島公園

小豆島在1908年首次種下橄欖樹。當時挑選三重縣、鹿兒島縣、香川縣試種從美國進口的幼苗，最後僅有小豆島西村地區的橄欖樹順利成長。橄欖樹喜歡溫暖乾燥的環境，而氣候穩定的小豆島，或許是讓它生存下來的原因。在跨出了成功的第一步後，經過多次的嘗試與努力，克服蟲害等問題，漸漸擴大種植面積，讓一般農家也能投入栽種橄欖樹行列。現在的小豆島擁有百年栽種歷史，不止把橄欖榨油，也製成美容保養品、橄欖食品、調味料……等五花八門的相關產品，讓橄欖樹成了小豆島的代名詞。

所以，將「小豆島橄欖公園」作為旅行開端再適合不過了吧？

抵達小豆島橄欖公園，先領隻掃帚再準備啟程！真人版電影《魔女宅急便》導演認為小豆島擁有如地中海的氛圍，而將其作為拍攝場景，也間接帶動了觀光。因此，橄欖紀念館免費出租魔法掃帚，讓每位到這裡的人都能當起魔女魔男，以大海、橄欖園、藍天為背景，拍下一張張魔法紀念照。

首先，可以先到香草花園「拈花惹草」；雖然無法把橄欖樹幼苗帶走，但能在上百種的草本裡尋找喜歡的香味。再逛逛一旁的雜貨店koriko，原本是《魔女宅急便》真人版電影裡魔女琪琪打工的麵包屋，在拍攝完畢後移到橄欖公園作為販賣飾品雜貨的商店。接著就找好角度，以藍天、青草與白色希臘風車為背景，乘坐掃帚準備起飛囉！

1. 《魔女宅急便》真人版電影裡魔女琪琪打工的麵包屋，現在販售花草飾品等可愛生活雜貨。
2. 香草花園內有約 135 種香草，還有不同種類的橄欖樹幼苗。
3. 既然沒有遇到晴天，就寄張藍天下的白色風車明信片回家吧！貼上亮黃風車郵票，丟入橄欖色郵筒，作為給自己的第一份小豆島紀念品。

我到達的那天，風車下的青綠草皮正進行年度保養，應與白色風車形成對比色的藍天也刷了層灰，因此，也沒有魔女們拿著掃帚等著飛翔。不用排隊拍照等空景，還能仔細欣賞這座小豆島與希臘米洛斯島作為友好紀念的風車，這麼一想，也算是另一種幸運。

希臘風車及橄欖紀念館的周邊都種滿了不同品種的橄欖樹，漫步在樹叢間，欣賞橄欖綠結合瀨戶內藍的風景之餘，也可以睜大眼尋找心型橄欖葉。傳說中找到它便能招喚幸福，還能帶回橄欖紀念館製作的書籤，作為旅行回憶。

逛了一大圈，最後回到「橄欖紀念館」。在販賣部挑了張希臘風車明信片，投入橄欖色的郵筒裡，再吃一支橄欖口味的淡綠冰淇淋，靜靜地跟著橄欖樹吹著島風，共受這片寧靜。

景點資訊

小豆島オリーブ公園

- 8:30～17:00（無公休日）
- 香川縣小豆郡小豆島町西村甲1941-1
- 搭乘坂手線、南迴福田線巴士至「橄欖公園口」徒步約5分；自駕前往（從坂手港車程約15分、池田港約10分、土庄港約25分）

小豆食堂

午餐選擇往春日神社旁的こまめ食堂（小豆食堂）前進。當看到一片片綠油油的梯田，就知道目的地不遠了。

小豆食堂原本為2010年夏天瀨戶內國際藝術祭的官方商店，隨後因藝術季閉幕而結束營業。經由一段時間後，再次開門並轉為常態營業，不分季節為島民與來往的遊客提供美味料理。

食堂前身為精米所（將稻米加工的地方），刻意不做過度加工，讓建築內外都保留原有的表情。在空間內還可以看到許

多懷舊的昭和時代物品，像是架上擺放的玩具、汽水瓶、昭和時代遺留下的製冰機等等，安靜地守在角落，喚起大家沉睡的記憶。

連結室外半露天座位的位置，還有一大片自然原色，對於都市人來說更是最難得的用餐環境。店內的招牌菜單「棚田のおにぎり定食」，有當日炸物、湯品、配菜、水果，以及招牌手捏白米飯糰，並附上兩片吃起來甜鹹甜鹹的海苔與簡單醃菜。

食堂位在的中山地區，是島內溫差最極端的地方，再加上小豆島上特有的島風，讓稻米美味更升級。這裡使用的正是來自梯田所耕種的稻米，並以傳統方式烹煮，透過手捏的溫度傳遞出好山好水孕育的樸實味道，就算單吃入口，也能咀嚼出米飯單純自然的甘甜。

除了稻米，氣候乾燥少雨的小豆島也適合

擺放在大樹下的小學桌椅，是屋子後方的貴賓席，能遠望一大片梯田原野。

こまめ食堂
Coca-Cola

製作素麵，加上職人製作手法技術不同，也讓島上的素麵有多種選擇。特別之處在於製作時會加入麻油，因此麵條色澤偏黃。僅約4萬人左右的小小島上就將近有200多間製麵所，使素麵成為島內特產之一，也和奈良的三輪素麵、兵庫的揖保乃糸，並稱日本三大素麵。

也因此，當然要點份小豆島素麵定食試試。先將芝麻、青蔥依喜好倒入醬汁碗，將滑溜的麵條快速放入夾起，吃起來清爽卻又不單調。麵條吃到最後一口仍保持恰恰好的彈性，讓人非常喜歡。

吃完正餐後，再來支特別的醬油口味冰淇淋。小豆島的特產除了橄欖油、麵線之外，還有醬油。冰淇淋使用小豆島知名的「鶴醬」醬油製作，並加入裹著糖衣的香脆堅果，就如醬油丸子般甜鹹甜鹹，讓我至今依舊十分想念。

提醒一下，小豆食堂只有中午營業，且除了固定休日之外也會有臨時休業的情形，建議前往之前先到官網查詢，以免撲空喔！

景點資訊

こまめ食堂

- 11:30～15:00（最後點餐時間為14:00）、（原則上每週二、四為公休日，也有可能擇其他日臨時公休）
- 香川縣小豆郡小豆島町中山1512-2
- 搭乘中山線至「中山春日神社前」徒步約1分；若自駕前往，請將車停在離食堂約200公尺的臨時停車場離開小豆島的時間恰巧是通勤時間。船艙內多半都是穿著制服、稍帶倦容的當地人。在瀨戶內海上航行的船隻非常多，島民利用船隻通勤、購物、就診、上學。對於我們而言，乘坐渡輪是旅遊期間的新鮮事，但對他們而言，卻僅是每日重複的平常事吧？

趁著天色尚未變暗，我趕緊抓著相機跑到船艙頂端。昏黃的日光折射在海面，船身隨著波浪搖擺晃動，這一切實在好美好美！想到在船艙裡面無表情滑著手機的人們，不知他們是否也會有跟我同樣的感動？

回程，跑到船艙頂端，欣賞日落時刻裡瀨戶內海的千變萬化。

屋島

不用搭船就能登上屋島？

「這附近還有座不用搭船就可以去的屋島耶！」發現屋島離所在的高松站僅不到半小時車程，於是便將它作為旅程最後一天的目的地。

屋島位在高松市東北部，是塊熔岩高地，頂端的部分地勢平坦，遠看過去就如一座巨大屋頂。在江戶時代前，它的確是座獨立的島嶼，而後因開發鹽田、開墾田地，而與陸地連結。

從屋島山上能欣賞瀨戶內海群島與讚岐山脈，加上它曾是源平合戰的古戰場，多了些故事性，也吸引不少歷史迷前往。我雖非歷史迷，卻好奇著這座不用搭船就能抵達的小島模樣，便趕緊把握搭機前的時間出發。

屋島寺&展望台

首先，將首站目的地設立在「屋島寺」。抵達前得先爬過蜿蜒的山路，即使只是坐在車子裡，卻也能從引擎聲中聽出車子正吃力地努力向上。爬得越高，市街建築也逐漸縮小，光是從車窗望去就覺得很美。

屋島寺為四國八十八所靈場的第八十四所。供奉的千手觀音為平安時代前期之作，大殿為鎌倉時代末期建造，皆被指定為日本國家重要文化財產。裡頭陳列有源平合戰遺物的寶物館，以及被認為能保佑家庭圓滿、結姻緣的屋島太三郎狸（蓑山大明神）。

太三郎狸為十一面千手觀音的御用狸，而後被封為蓑山大明神。本堂旁即能見到一夫一妻的巨大狸貓石像，為太三郎狸與其妻，許多人都會來此祈求家庭平安、婚姻圓滿。

大殿旁有著延伸排列的紅色鳥居，左右各站著大大的狸貓，左邊雄性狸貓為四國狸軍團的總大將——太三郎狸。傳說，弘法大師要開創四國八十八所靈場時，在漫著濃霧的屋島山路中，有位戴著蓑笠的老人前來領路，人們相信那位老人即為太三郎狸的變身。四國地區也有著許多關於狸貓的傳說，先別考究之中的真實性，第一次看到這麼巨大的狸貓神像，內心真的覺得挺新奇的。

走至屋島寺的四天王門，沿著商店街步道往上前進，途中看到許多店家都販賣著狸貓雕像及煎餅狀的小圓瓦片。上頭寫著：「在距離 150 公尺的展望台，用力一擲吧！」下方還附加寫上除厄開運、健康祈福、全家平安等，像是提示著路過的人：是不是該來許願了？

據說，在源平合戰中獲得勝利的源賴朝，曾在戰場丟下頭上的陣笠歡呼。因此，後來的人們以小圓瓦片取代「※陣笠」，內心帶著勝利、成功等願望，一邊將小圓瓦片奮力擲向遠方的大海。雖然我內心也抱有心願，但還是只看著小圓瓦片微笑了一下，就往

「獅子之靈巖展望台」前進了。

當看到展望台邊無垠的藍天，再次感謝老天讓我遇到天晴之日！

從展望台望去的風景十分療癒，眼下的高松市街如袖珍模型般排列開來，遠方連綿的讚岐山脈也一併收入眼簾。往另一邊看去更是美到令人屏息，男木島、女木島與遠方的島嶼，都靜靜地漂浮在瀨戶內海之中，看著看著內心也跟著感到安穩平靜。

望了好一陣子後，我帶著有點不捨的心情，用手指著眼前兩座島嶼說：「下次安排多點時間去那裡吧！」像是和自己有了這樣的約定。

※陣笠：用來防禦的軍事用途斗笠。

景點資訊

屋島寺

- 境內自由參觀（寶物館 9:30～16:30）
- 香川縣高松市屋島東町 1808
- 搭乘高松琴平電氣鐵道至「屋島站」轉乘琴電巴士至「屋島山上站」徒步 1 分

1
2

1. 屋島寺本堂約在 650 多年前建造，經過復原重建，現今列為日本重要文化財。寺內供奉十一面千手觀音，約是在 1700 多年前由一塊原木雕刻而成，同樣也被列為重要文化財。
2. 從展望台一眼望去，不論哪個角度都非常療癒。這裡也被選為日本夕陽美景百選，可惜無法等到日落，只好留著小小遺憾期待下次再來。

骨付鳥一鶴

香川除了烏龍麵外，另一項地方特色料理則是「骨付鳥」。剛好屋島的山腳下有家當地連鎖的骨付鳥料理店「一鶴」，於是便成了那天的午餐首選。

骨付鳥源自香川縣丸龜地區的一鶴居酒屋本店，據說當時店主在電視機前看了好萊塢電影裡女主角啃著大塊炸雞的模樣，而產生料理靈感，將雞大腿用鹽、胡椒和大蒜等醬汁調味，連同骨頭一塊在高溫下烤出焦脆外皮並鎖住肉汁，在1953年開始販賣後，漸漸流傳散播到日本各地，也成

雞飯本身份量雖不算大，但一份雞飯、一碗清爽的湯品，再大口咬著炭烤骨付鳥，一餐吃下來也相當滿足。

了香川特色料理。

菜單選擇有老雞（おやどり）與幼雞（ひなどり）兩種；老雞吃起來油脂豐富、有嚼勁，而幼雞則是軟嫩多汁，較受女性顧客與小孩歡迎。來吃骨付鳥不用顧複雜的食用禮節，只需像原始人般拿起骨頭豪邁啃肉，咀嚼嘴裡混著微焦的辛香，還可以搭配一併附上的爽脆高麗菜，解膩的同時又能補充點纖維質。吃著咬著，重口味的骨付鳥一定會讓你想來杯啤酒或冷飲，再大快朵頤。

若是怕吃不飽的話，還可以加點一份附湯的雞飯。雞肉和米飯加入醬油後，炊煮出迷人的鹹香滋味，再配上清爽輕柔的金黃蛋絲，光是單吃就很好吃，配上骨付鳥雞肉料理則更有飽足感。

景點資訊

骨付鳥 一鶴 高松店

- 週一至五 17:00 ～ 23:00；週末及國定假日 11:00 ～ 23:00（週二公休）
- 香川縣高松市鍛冶屋町 4-11
- JR「高松站」車程 5 分；搭乘高松琴平電氣鐵道至「琴電瓦町站」徒步 10 分

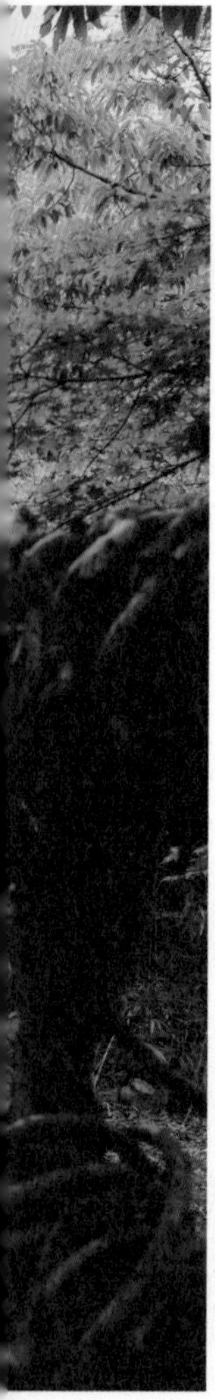

四國村博物館

吃過山腳下的當地特色料理後，又回到屋島。

這次來到的是屋島神社旁的「四國村博物館」，這裡集結了江戶至大正年間的傳統建築、古民宅，許多都被列入國家指定重要文化財產。

有別於逛一般博物館看珍藏陳列展示，四國村博物館則是將參觀者引入綠林之間。我戰戰兢兢地先走過第一關卡——德島組谷地方的藤蔓吊橋，接著參觀小豆島農村歌舞伎舞台，想像島上的村民們做完工作後在舞台上當起演員，載歌載舞地歡樂吟唱、紓解壓力。接著，在四國僅存的榨糖小屋，欣賞圓錐形屋頂，了解香川縣「讚岐三白」中的文化根源。或者，也可以隨意走入不同特色的住宅內，了解當時的人們是如何因應環境氣候而構想出不同的生活智慧。

就這樣，一路上帶著探險般的心情穿過綠林、踏過石階，造訪大大小小的建築，像走入時光隧道般，用另一種方式了解四國地區的生活型態演變與文化風情。

走著走著，看見灰白色的清水混凝土建築，便知道這就是建築家安藤忠雄所設計的「四國村 Gallery」了。狹長型的空間內展示四國村創立者加藤達雄所收集的繪畫、青

緊抓著繩索踏上藤蔓吊橋的每一步都是驚心動魄，一邊怕不小心滑落水裡，一邊因為看不見對邊樹叢後有什麼在等著而緊張莫名。

1/2

1. 小豆島農村歌舞伎舞台目前作為戶外劇場，偶爾舉辦表演活動，或在舞台展示季節節慶裝飾。
2. 從前讚岐地區有著偌大的甘蔗田，江戶時代後期砂糖為讚岐的特產之一。榨糖小屋用於進行甘蔗榨汁作業，像這樣有著圓錐形屋頂的榨糖小屋，在四國僅剩兩座，且都在四國村博物館。

銅器、陶器等美術品。安藤忠雄大師利用自然光製造出空間內的引導視覺，似乎預告著空間將繼續延伸擴展。隨著柔光帶路，運用地勢而造的「水景庭園」就在眼前。鬱鬱蔥蔥的樹林成了庭園的天然圍牆，彷彿一小片與世外隔絕的秘密基地。在太陽照耀之下，島風輕輕吹，石階流水潺潺，一角一隅都是美麗的光影流動。

隨後，再往出口的方向繼續向前。一晃眼，村內響起即將結束營業的廣播，這才把我拉回現實，並帶著滿載的心，走出這座藏在屋島內的四國村。

景點資訊

四国村ミウゼアム

- 9:30～17:00（最後入場為 16:30，四國村 Gallery 於 16:30 閉館）週二公休（遇國定假日則為隔日休）
- 大人 1,600 日圓 / 大學生 1,000 日圓 / 國高中生 600 日圓 / 國小以下免費
- 香川縣高松市屋島中町 91

1.JR「高松站」車程 20 分
2. 搭乘高松琴平電鐵志度線至「琴電屋島站」徒步 5 分
3.JR 高德線「屋島站」徒步 10 分
4. 於 JR「屋島站」、「琴電屋島站」、屋島山上搭乘「屋島山上接駁巴士」至「四國村」巴士站

四國村咖啡廳

走了一圈四國村，興奮感散去後身體感到些許疲憊。看錶發現還有一些時間，就進到入口處旁的四國村咖啡廳坐坐。

這棟刷上淡粉藍綠色的西式建築，曾是位在神戶異人館的殖民式建築。一開始是英國夫婦的住宅，之後變成日本郵船船員宿舍，至今則改建為咖啡廳。

裡頭的陳設也充滿著西洋風情，和剛才走過的四國村博物館，有著很大的風格差異。坐在英國維多利亞時代所留下的座椅上，吃著沁涼苦甜的冰淇淋咖啡凍，雖然不知道為

什麼會大費周遭地把異人館的洋房遷移至此，不過裡頭的氛圍舒服愜意，是什麼原因也不太重要了。

往機場的路上，再看看幾眼瀨戶內海，試圖將這療癒的風景烙印在腦海裡。

至今，偶爾心情煩躁時，總會閉上雙眼回想那片撫慰人心的瀨戶內海。

然後，期許自己能如瀨戶內海般，溫柔又有力量，繼續在人生道路上前行。

景點資訊

四国村カフェ

9:30～17:30（最後點餐 17:00）、（無公休日）

香川縣高松市屋島中町 91

咖啡店門口擺放著紅色電話亭與紅色郵筒。約在 100 多年前，它曾放置在倫敦街頭，據說夏目漱石在英國留學時曾於這座郵筒投下寄往日本的信件。

日本，慢慢旅

遇見山城、花季、島嶼、海味、街景日常，
2190×四季風物詩

作者　Chien 倩。日日常（李儀倩）
主編 / 責任編輯　温淑閔
封面 / 內頁設計　任宥騰
行銷企劃　辛政遠、楊惠潔
總編輯　姚蜀芸
副社長　黃錫鉉
總經理　吳濱伶
執行長　何飛鵬
出版　創意市集
發行　城邦文化事業股份有限公司
歡迎光臨城邦讀書花園網址：
www.cite.com.tw

香港發行所
城邦（香港）出版集團有限公司
香港灣仔駱克道 193 號東超商業中心 1 樓
電話：(852) 25086231
傳真：(852) 25789337
E-mail：hkcite@biznetvigator.com

馬新發行所
城邦（馬新）出版集團
Cite (M) Sdn Bhd
41, Jalan Radin Anum, Bandar Baru Sri Petaling,
57000 Kuala Lumpur, Malaysia.
Tel:(603)90563833
Fax:(603)90576622
Email:services@cite.my

展售門市　台北市民生東路二段 141 號 7 樓
製版印刷　凱林彩印股份有限公司
2023 年 9 月　初版 1 刷
Printed in Taiwan
ISBN 978-626-7336-10-6　書號 2AF691
定 價　480 元

客戶服務中心
地址：10483 台北市中山區民生東路二段 141 號 B1
服務電話：（02）2500-7718、（02）2500-7719
服務時間：週一至週五 9：30 ～ 18：00
24 小時傳真專線：（02）2500-1990 ～ 3
E-mail：service@readingclub.com.tw

若書籍外觀有破損、缺頁、裝訂錯誤等不完整現象，想要換書、退書，或您有大量購書的需求服務，都請與客服中心聯繫。

版權聲明
本著作未經公司同意，不得以任何方式重製、轉載、散佈、變更全部或部分內容。

※ 詢問書籍問題前，請註明您所購買的書名及書號，以及在哪一頁有問題，以便我們能加快處理速度為您服務。

※ 我們的回答範圍，恕僅限書籍本身問題及內容撰寫不清楚的地方，關於軟體、硬體本身的問題及衍生的操作狀況，請向原廠商洽詢處理。

※ 廠商合作、作者投稿、讀者意見回饋，請至：
FB 粉絲團．http://www.facebook.com/InnoFair
Email 信箱．ifbook@hmg.com.tw

國家圖書館出版品預行編目 (CIP) 資料

日本，慢慢旅：遇見山城、花季、島嶼、海味、街景日常，2190X 四季風物詩 / 李儀倩著 . -- 初版 . -- 臺北市：創意市集出版：城邦文化事業股份有限公司發行　2023.09
一面 ； 一公分 (囍 . 生活)

ISBN 978-626-7336-10-6(平裝)
1.CST: 旅遊 2.CST: 日本

731.9　　112009448